AF555617

CE QUE DOIT SAVOIR UN MAÎTRE MAÇON

LES RITES, L'ORIGINE DES GRADES, LÉGENDE D'HIRAM

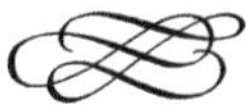

PAPUS

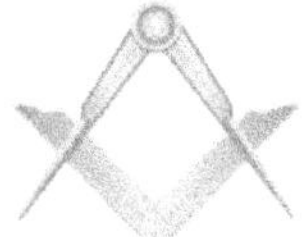

TABLE DES MATIÈRES

INTRODUCTION

Nous présentons aujourd'hui aux Maçons qui désirent étudier la Science Maçonnique un premier recueil qui est principalement destiné aux membres des Loges Symboliques.

Il est facile de constater que beaucoup de Maçons français ignorent presque tout de la Science Maçonnique et seraient fort embarrassés pour expliquer pourquoi tel grade correspond à telle couleur dans les décors ou à tel mot hébraïque comme mot sacré.

La Science Maçonnique existe, elle permet seule de reconstituer beaucoup des secrets de cet Ordre Vénérable et elle constitue une adaptation de la Kabbale hébraïque d'une part et des traditions gnostiques d'autre part, plus ou moins modifiées par les Templiers.

Sans la connaissance de cette Science Maçonnique il est impossible de saisir les merveilleuses adaptations sociales mises à la disposition des E.·. de la V.·. et les moyens d'adapter le Symbolisme Maçonnique à notre époque et à nos moyens nouveaux d'enseignement et de propagande.

S'il est facile, après quelques mois de stage dans une Loge, d'obtenir une augmentation de salaire et de changer la couleur de son décor, il est plus difficile de bien se rendre compte des origines des tenues symboliques dont on est devenu un acteur, ou quelquefois un simple figurant.

Si la Franc-Maçonnerie est une simple société d'action sociale, pourquoi ces mystères, ce langage spécial et ces décors? Si tout cela ne sert à rien supprimez-le franchement. Mais si, sous ces symboles, se cache une haute Vérité dont la connaissance peut conduire à des adaptations sociales libératrices de l'humanité, alors étudions cette Science Maçonnique avec tout le respect qui lui est dû.

Ce n'est pas en France où presque toutes les traditions sont malheureusement perdues, c'est à l'étranger: en Angleterre, en Espagne, en Allemagne surtout que j'ai poursuivi mes recherches sur ce point.

Dans mes conversations avec le Tr. Ill. F∴ John Yarker, Chef Suprême du Rite Primitif et Originel, avec le Dr. W. Westcott de la Société Rosicrucienne d'Angleterre, avec Villarino del Villar, l'illustre maçon Espagnol et avec les Rose-Croix et les Alchimistes d'Allemagne, j'ai pu étudier, ailleurs que dans des livres et d'une manière sérieuse l'origine, de la Science Maçonnique.

Beaucoup de Suprême Conseils Etrangers m'ont fait le grand honneur de m'inscrire parmi leurs Membres Honoraires ou au nombre de leurs Représentants en France. J'en ai été d'autant plus touché que j'étais plus violemment attaqué par certains Maçons Français dont je dédaigne les injures.

On prouve le mouvement en marchant. Si j'ai eu la chance de pénétrer assez le sens des symboles maçonniques pour être à même d'instruire les chercheurs sincères, mes études écrites le prouveront. Si je ne suis qu'un pauvre geai paré des plumes d'un paon, mes adversaires seront là pour le démontrer. Rappelons-nous le proverbe arabe: Les chiens aboient, la caravane passe...

Je m'adresse à tous ceux que les recherches désintéressées captivent et je leur dis :

Si la Loge à laquelle vous appartenez vous a donné satisfaction, poursuivez-y votre carrière. Si, au contraire, vous n'y avez pas trouvé ce que vous y cherchiez, ne vous découragez pas encore. Lisez ce petit opuscule et faites le lire sans vous occuper de son auteur.

Voyons ensemble si les mots de passe et les mots sacrés ne sont pas des mots hébraïques dont la kabbale est seule capable de nous donner la clef véritable. Etudions l'histoire des grades de l'Ecossisme en nous entourant de tous les enseignements de la critique historique, étudions les origines réelles des divers Rites qui prétendent tous à une régularité bien problématique pour la plupart d'entre eux.

Et surtout n'ayons pas peur des fantômes. Les fantômes ce sont les créations des Fr. Ignares chefs de certains Rites qui ont une peur affreuse de voir les FF. étudier au grand jour les... Mystères... les Secrètes Traditions !!!!! et tout ce qui satisfait leur vanité, alors qu'on n'a pas été admis à l'honneur de solder une... augmentation de salaire.

Et nous assistons à ce fait burlesque qu'un Maître (ajoutons régulier pour faire plaisir à mes chers adversaires) connaît moins bien la Franc-Maçonnerie qu'un jésuite rédacteur ou lecteur de "La France Chrétienne". Ce qui court les rues n'a besoin d'aucun mystère et la Science Maçonnique vraie se rit de ces craintes ridicules.

Gardons notre raison intacte et étudions au grand jour ce qui peut nous instruire et chasser de nos cerveaux toutes les superstitions, aussi bien les superstitions cléricales que les superstitions voltairiennes. Soyons des Penseurs libres, et habituons-nous à analyser nous-mêmes les idées qui nous sont présentées. Ce sera toujours l'honneur de la véritable Maçonnerie d'enseigner à ses membres, à distinguer librement la Science éclairée de l'ignorance haineuse. Les meurtriers d'Hiram veillent toujours aux portes des Temples et ils se croient toujours plus réguliers que leur Architecte... Laissez-les à leurs tristes forfaits, et les Vengeurs ne sont pas loin.

Si l'accueil fait à cette modeste étude nous permet de poursuivre nos publications, nous aborderons successivement les diverses adaptations de la Tradition Maçonnique.

Dr PAPUS

LES RITES MAÇONNIQUES

Les Maçons peuvent se diviser en deux catégories : le Maçon qui cherche à s'instruire et à comprendre et le Maçon indifférent.

Ce dernier a vu dans la Franc-Maçonnerie un moyen d'arriver ou d'être assisté. Pour lui c'est une société comme une autre, plus commode, voilà tout.

Le Maçon qui cherche, au contraire, se rend vite compte qu'il existe des enseignements qui nécessitent une cause. Il réfléchit à tout ce qui frappe ses regards dans les loges, aux paroles qu'il entend, au rituel qu'on exécute devant lui et il découvre alors qu'il doit exister une Science de la Maçonnerie comme il existe une science mathématique qui utilise l'algèbre. Quelles sont donc les données de la Science Maçonnique ?

Si l'on se cantonne dans le domaine de l'histoire, on se rend compte que les premiers centres d'études maçonniques élevées ont été créés en France par des Alchimistes, des Mystiques, des adeptes des Sciences Occultes: Illuminés d'Avignon, Rose-Croix, Théosophes Chrétiens et Martinezistes. Ceux-là ont adapté à la Maçonnerie la Science Secrète dont ils détenaient la tradition.

Les Eléments de cette Science se retrouvent dans les Symboles, Chiffres et Nombres symboliques, Ternaire, Quaternaire, Septenaire, etc.

Dans les Figures : Triangles, Étoile Flamboyante (Pentagramme), Sceau de Salomon (Hexagramme), Tableau des Loges.

Dans les Légendes : Légende d'Hiram, Légende de Salomon, Inri, Histoire de J.-B. Molay.

Dans les Outils : Maillet, Niveau, Règle, Équerre, Compas, Pierre cubique, Épées, Poignards, etc.

Dans les Paroles : Mots de Passe Hébraïques et Latins et Paroles dans la Langue Profane de l'Initié.

Dans les Signes: Signes et Attouchements de chaque grade.

Dans les Décors et Bijoux : Dans les Bannières.

Dans la Langue écrite avec des caractères secrets suivant les grades.

Tout cet ensemble suppose et nécessite une Science Particulière dont l'étude doit constituer l'initiation aux vrais mystères de la véritable Maçonnerie.

Il faut cependant se souvenir que la Maçonnerie s'est trouvée mêlée à une foule d'événements politiques. Comprenant l'utilité possible de cette admirable association, certains hommes d'État ou même de simples ambitieux ont voulu utiliser cet Ordre en vue d'un but tout à fait étranger aux applications sociales de la Science Maçonnique. De là l'abandon des études symboliques et la transformation de la Franc-Maçonnerie en une société d'action politique, avec enseignement philosophique à tendances matérialistes. Les Loges qui suivent cette voie ont une tendance forcée à abandonner des études symboliques qui n'ont plus aucune utilité pour leurs membres et à méconnaître les hauts grades où ces études doivent être poursuivies. D'autre part, et ceci est surtout visible à l'étranger, les Maçons rattachés aux anciennes formules n'ont pas abandonné les recherches spéciales concernant la Science Maçonnique pure.

C'est de ces diverses tendances que sont dérivés les systèmes maçonniques différents pour le genre d'instruction, pour le travail et même pour le rituel d'initiation.

En Style Maçonnique ces systèmes sont appelés Rites et ces Rites peuvent se diviser en trois genres principaux dont les autres sont dérivés par fusion ou adaptation.

1° Les Rites d'études philosophiques élémentaires d'action politique immédiate. On méprise ou on ne comprend pas tout ce qui sort de cette action et on abandonne toute étude de Science Maçonnique pure. Les grades sont réduits en nombre, les épreuves physiques et autres abandonnées et le rituel des hauts grades ignoré. La tendance de ces rites est la transformation de la Maçonnerie en société profane.

Le Grand Orient de France ou Rite Français Moderne, quelques Grands Orients de l'Etranger se rattachent à se système.

2°... A côté de ces Rites transformateurs du symbolisme traditionnel il en existe d'autres où la hiérarchie et les hauts grades sont scrupuleusement conservés. La succession des grades représente en effet l'histoire des traditions secrètes dans la société profane depuis Salomon jusqu'aux Alchimistes en passant par les Croisés, les Templiers et tous les persécutés de l'Eggrégore Papal. De plus, la hiérarchie de l'Enseignement en Maçonnerie Bleue, Maçonnerie Rouge, Maçonnerie Noire et Maçonnerie Blanche directrice permet un développement rationnel de la Science Maçonnique étudiée successivement dans les Loges, dans les Chapitres, les Aréopages et régularisée dans son enseignement par la Direction Générale ou Suprême Conseil.

Ces Rites appartiennent au Système Écossais, qui n'a d'Écossais que le nom, mais qui est connu universellement sous cette appellation.

Nous citerons parmi les Rites rattachés à ce système Écossais:

Le Rite Écossais ancien et accepté de Morin réformé par Pike.

Le Rite Écossais ancien et accepté de Cerneau.

Le Rite Primitif et Originel de la Franc-Maçonnerie.

Le Rite National Espagnol, Rite Ancien et Primitif, etc.

Le Rite Universel Mixte.

Le mot ancien ou primitif indique généralement le rattachement au système Écossais, alors que le mot moderne indique le rattachement au système précédent.

3°... Certains Maçons rattachés à des sociétés de Rose-Croix ou s'adonnant d'une manière spéciale à l'étude de la Science Maçonnique, ont voulu approfondir cette Science en y adaptant des grades kabbalistiques et mystiques.

Ce genre de Maçonnerie a toujours été réservé à une élite et souvent ne comprend que des hauts grades laissant aux autres rites le soin de préparer les initiés futurs.

Le plus connu de ces Rites est le Rite de Misraïm, puis le Rite Memphis, fondés tous deux en vue d'un but spécial. Ils ont souvent formé des Puissances unies sous le nom Memphis-Misraïm. Ce rite est à 90 grades ou 96 grades.

Généralement les membres des Suprêmes Conseils à l'étranger sont initiés aux trois Rites et sont pourvus des grades 33e, 90e,96e.

Le Rite Swedenborgien et les Ordres d'Illuminés Chrétiens se rattachent à ces Rites spéciaux. Qu'on note ici que nous faisons seulement oeuvre d'historien. Nous montrons l'existence et la situation de chaque genre de Rîtes, sans vouloir rien juger. Le chercheur impartial doit d'abord constater sans aucun parti pris, laissant à chaque lecteur intelligent le soin de conclure en toute indépendance.

Beaucoup de Maçons français ignorent ces données fondamentales de toute organisation Maçonnique. On fait de plus beaucoup d'efforts pour leur cacher des choses aussi simples. Enfin chaque Rite a la singulière prétention d'être seul régulier. De là des querelles et des excommunications sans fin. Nous allons maintenant pouvoir en parler aussi clairement que possible...

Il est évident que chaque puissance Maçonnique constituée et possédant quelques Loges ou Chapitre verra toujours d'un très mauvais oeil la naissance ou l'arrivée dans son lieu d'action d'une puissance nouvelle ou venant d'ailleurs. Oubliant brusquement tous les enseignements de fraternité, de tolérance et de vérité enseignés dans les discours officiels, on va se conduire avec la nouvelle création exactement comme une Église se conduit avec une nouvelle Église. Appel à l'irrégularité, excommunication majeure ou mineure, défense aux Frères de fréquenter les nouveaux venus, enfin tout ce qu'on reproche aux sectaires religieux.

Cependant l'étude impartiale de l'histoire nous montre qu'un Rite correspond toujours à une nécessité politique ou philosophique. C'est ainsi que si la France était en ce moment abandonnée à ses directions Maçonniques, elle serait vite rayée du nombre des contrées pouvant être considérées comme faisant des travaux Maçonniques sérieux.

Que vaut donc l'excommunication d'un Rite à l'égard d'un autre ?

Exactement ce que vaut l'excommunication d'une Église à l'égard d'une autre.

Les Réformés sont irréguliers pour les catholiques, qui eux-mêmes ainsi que les Réformés sont irréguliers pour les orthodoxes et tous s'accablent de documents historiques pour affirmer leur seule régularité.

Or, il est triste de voir des hommes à la raison éclairée, qui devraient ne plus se laisser influencer par les préjugés, se laisser aller à leurs passions aveuglantes et se conduire comme des sectaires cléricaux.

Et ce qu'il y a de comique dans cette aventure, c'est que ceux qui parlent d'irrégularité sont obligés de jeter un voile discret sur leurs propres origines, car l'histoire n'a pas les complaisances des fabricants de Rituels et elle remet cruellement à leur véritable place les excommunicateurs d'aujourd'hui qui furent souvent, sinon toujours, les irréguliers d'hier. Ainsi le Grand Orient de France détient le record de l'irrégularité. Il a été formé par Lacorne et une série de FF. expulsés de la Maçonnerie, pour raisons graves. Il a été constitué en violation de tous les statuts généraux de la Maçonnerie et de tous les serments antérieurs et solennels des FF. constituants. Or, comme les demi-mondaines devenues femmes honnêtes par un mariage sur le tard, il n'y a pas de Puissance maçonnique plus disposée à parler de l'irrégularité des autres que le Grand Orient de France et ses dérivés comme la Loge suisse Alpina.

Le Rite Écossais ancien et accepté de Morin réformé par Pike est également irrégulier dans ses origines ainsi que l'ont démontré les FF. appartenant au Rite Écossais ancien et accepté de Cerneau. Le Rite de Morin n'a pas de charte régulière à son origine et le prétendu document de Frédéric II est, de l'avis de Albert Pike lui-même, une douce plaisanterie pour ne pas dire un faux.

De même la Grande Loge d'Angleterre, la Puissance la plus difficile en matière d'origine maçonnique, n'a jamais pu produire ses patentes de constitution qui n'existent pas.

Eh bien ! cela n'empêche aucunement chacune des Puissances que nous venons d'énumérer de posséder dans leur sein des hommes de très grande valeur au point de vue de la Science maçonnique. Si nous présentons ces déductions historiques sur la régularité, déductions éclairées par les savantes études de notre F. Teder, ce n'est pas pour mépriser des FF. de bonne foi et très instruits. C'est pour montrer que les francs-maçons doivent leur origine à des initiés qui ont trouvé bon de rester des supérieurs inconnus et qui ont constitué des rites sans donner de chartes, pour conserver leur plan.

Il faut être de notre époque où un homme se fait lui-même quelqu'un sans avoir besoin d'ancêtres (Self Made Man), il faut avoir le courage de reconnaître les hommes de valeur dans la Maçonnerie universelle sans vouloir discuter la valeur historique de chaque rite du moment qu'il initie les FF. dans les règles habituelles et qu'il possède un certain nombre de loges.

Il existe, d'après les recherches de l'illustre F. Villarino del Villar, trois cent mille maçons rattachés aux Puissances maçonniques qui se disent régulières et deux millions de FF. rattachés aux autres Puissances.

Il nous semble nécessaire de dresser en toute impartialité un tableau de toutes ces Puissances maçonniques sans nous mêler de juger les uns ou les autres. Ensuite il sera possible de chercher un moyen d'union qui respecte l'autonomie de chaque rite. Il en est ainsi des États- Unis d'Amérique où la constitution de chaque État est respectée, ce qui n'empêche pas la puissance effective de la Fédération. Il en est ainsi en Suisse. Il doit en être de même dans la franc-maçonnerie où chaque rite est un État autonome aussi petit soit-il. Les États-Unis d'Europe doivent être précédés de la Constitution de la Fédération maçonnique universelle.

Or une Fédération ne peut s'établir que sur le respect d'autrui.

La franc-maçonnerie a toujours été la grande initiatrice des réformes politiques et sociales. Elle a détruit pour ses membres les frontières et les préjugés de races et de couleurs, elle a présidé à la destruction des parchemins individuels et des statuts corporatifs qui écrasaient l'intelligence du pauvre, elle a soutenu une lutte séculaire contre l'obscurantisme sous toutes ses formes.

Le moment est venu pour elle de sortir de la période des querelles mesquines et des rivalités individuelles. La Fédération des rites précédera la Fédération des Puissances de l'Europe et nous respecterons tous les rites qu'ils soient avec nous ou contre nous. L'œuvre à laquelle nous appelons aujourd'hui nos FF. demande bien trop de temps et d'efforts collectifs pour que les individus comptent pour elle.

Nous aurons tous disparu du plan physique depuis longtemps sans doute, lorsque les FF. qui viendront cueilleront sur nos tombeaux la branche d'acacia et la présenteront à la première assemblée fédérale des Puissances maçonniques, en disant: Debout et à l'ordre, mes FF., voilà le plan d'Hiram qui s'accomplit. Les ouvriers sont classés selon leur genre de travail et ils vont réaliser une partie du Grand oeuvre de l'humanité terrestre.

S. Beatenberg, 26 juillet 1908.

LES GRADES MAÇONNIQUES

CONSTITUTION PROGRESSIVE DES 33 DEGRÉS DE L'ÉCOSSISME

Il ne nous suffit pas de connaître le résumé de l'histoire des différents rites. Il nous faut pénétrer plus avant dans leur connaissance et, tout en réservant pour un ouvrage ultérieur une étude complète et détaillée du symbolisme maçonnique, donner à ceux qui s'intéressent à la Maçonnerie une idée du caractère réel des rites au point de vue de la tradition.

Tout d'abord mettons les lecteurs en garde contre les études faites par les cléricaux. Nous avons déjà parlé de la tendance de ces derniers à confondre l'Illuminisme et la Maçonnerie. Partant d'une idée préconçue: l'intervention de Satan dans les loges, les écrivains rattachés au cléricalisme ont entremêlé l'analyse des rituels maçonniques, de sous-entendus et de réflexions personnelles du plus pur grotesque. Sous des apparences d'analyse impartiale, ils glissent de temps en temps un petit commentaire destiné à égarer le lecteur confiant. En agissant ainsi, ils restent dans leur rôle, que nous connaissons personnellement par expérience, et ils étaient dignes de tenter la verve de Léo Taxil, qui s'est moqué d'eux avec tant d'habileté, qu'ils ont injurié l'homme ; mais intégralement gardé ses idées sur le rôle secret de l'occultisme à notre époque.

Nous allons analyser les transformations du rituel en jetant un coup d'œil très général sur son évolution historique.

Le premier rituel maçonnique unissant les maçons de l'Esprit à ceux de la même matière, a été composé par des frères illuminés de la Rose-Croix dont les plus connus sont: Robert Fludd et Élie Ashmole[1].

Clef des grades symboliques

Apprenti

Les trois premiers degrés furent établis sur le cycle quaternaire appliqué au dénaire, c'est-à- dire sur la quadrature hermétique du cercle universel.

Le grade d'apprenti devait dévoiler, enseigner et revoiler le premier quart du cercle ; le grade de compagnon, le second quart et le grade de maître les deux derniers quarts et le centre.

La signification attribuée par le révélateur à chaque grade dérive directement de la signification totale du cercle et de son adaptation particulière.

Ainsi, si l'adaptation du cercle se rapporte au mouvement de la terre sur elle-même, le premier quart du cercle décrira symboliquement la sortie de la nuit, depuis six heures du matin jusqu'à neuf heures, le second quart de cercle l'ascension de neuf heures à midi et les deux derniers quarts la descente vers la nuit, ou de midi au soir.

Dans ce cas, l'apprenti sera l'homme du matin, et du soleil levant ; le compagnon l'homme de midi ou du plein soleil ; et le maître, l'homme du soleil couchant.

Si l'adaptation du cercle se rapporte à la marche (apparente) du Soleil dans l'année, les quarts de cercles correspondront aux saisons et représenteront respectivement le Printemps, l'Été, l'Automne et l'Hiver.

L'apprenti sera alors la graine qui éclôt ; le compagnon, la plante qui fleurit ; le maître, la plante qui fructifie et le fruit qui tombe pour générer de nouvelles plantes par la fructification qui libère les graines contenues en lui.

Chacune de ces adaptations pouvant être appliquée au monde physique, au monde moral ou au monde spirituel, on comprend comment de vrais illuminés pouvaient réellement amener vers la lumière de la vérité, vers cette « lumière qui illumine tout homme venant en ce monde, » vers le Verbe divin vivant, les profanes appelés à l'initiation.

Mais pour cela, il fallait que la clef fondamentale et hermétique des degrés et de leur adaptation fût conservée par une université occulte. Tel était le rôle que s'étaient réservés les Rose-Croix et les initiés judéo-chrétiens. Ils ont toujours ces clefs dont les écrivains purement maçonniques n'ont vu que les adaptations, et le présent travail, bien que très résumé, ouvrira à ce sujet les yeux de ceux qui ont des yeux pour voir et des oreilles pour entendre. Que les autres nous insultent et nous accusent d'adorer le diable ou de servir les jésuites, nous les laisserons dire et nous hausserons les épaules.

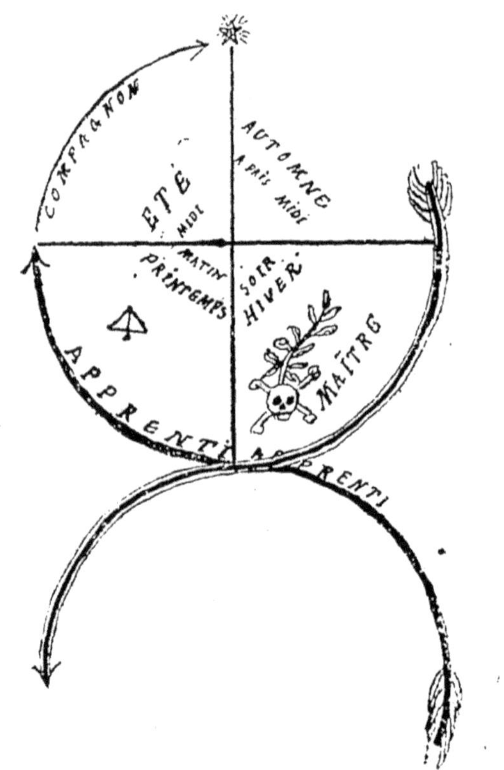

Clef des grades symboliques.

Au point de vue alchimique, les trois premiers grades représentaient la préparation de l'œuvre : les travaux de l'apprenti figurant les travaux matériels, ceux du compagnon représentant la recherche du véritable philosophique et le grade de maître correspondant à la mise dans l'athanor du mercure philosophique et à production de la couleur noire, d'où doivent sortir les couleurs éclatantes.

Il faut vraiment ne pas se rendre compte des idées des travaux des Rose-Croix hermétistes, pour ne voir que de véritables occultistes établiront leur initiatique d'après les règles strictes de l'adaptation des principes et que la vengeance d'un prétendant évincé ne jouera qu'un rôle bien secondaire dans l'affaire.

Venant du cercle du monde profane, l'apprenti y reviendra plus tard à l'état de maître, après avoir acquis l'initiation. Ainsi est figuré le caducée hermétique qui donne la clef réelle des grades symboliques.

Martines la connaissait, comme tout illuminé, puisqu'il a divisé son initiation par quart de cercle.

On ne peut passer d'un plan à un autre qu'en traversant le royaume de l'obscurité et de la mort ; tel est le premier enseignement qu'indique au futur initié le cabinet de réflexions et ses symboles.

L'initié ne peut rien commencer seul, sous peine de graves accidents. Il doit donc s'assurer des guides visibles ayant déjà acquis l'expérience, tel est l'enseignement qui se dégage des discours et des interrogations auxquels prendra part le futur apprenti, dès son entrée en loge. Mais les enseignements oraux n'auraient aucune valeur sans l'expérience personnelle, tel est le but des voyages et des épreuves des différents grades.

Compagnon

L'apprenti croit sans changer de plan. Il passe, des travaux matériels aux travaux concernant les forces astrales ; il apprend à manier les instruments qui permettent de transformer la matière sous l'effet des forces physiques maniées par l'intelligence, il apprend aussi qu'en dehors des forces physiques existent des forces d'un ordre plus élevé, figurées par le flamboiement de l'étoile : ce sont les forces astrales qu'on lui laisse pressentir sans les nommer par la vue de l'étoile flamboyante.

L'apprenti devient ainsi compagnon, et il est instruit sur les éléments de l'histoire de la tradition.

Maître

Le compagnon qui va devenir maître doit se préparer à changer de plan. Il passera donc de nouveau dans le royaume de l'obscurité et de la mort ; mais, cette fois, il y passera seul et sans avoir besoin de guide, il fera consciemment ce qu'il a fait inconsciemment dans la chambre de réflexion.

Mais, auparavant, il recevra la clef des trois grades et de leurs rapports, enfermée dans l'histoire d'Hiram et de ses trois meurtriers.

Ainsi que nous l'avons précédemment démontré[2], l'adaptation solaire de la légende n'est qu'une adaptation d'un principe bien plus général: la circulation du cercle dans le quaternaire, avec ses deux phases d'évolution et d'involution.

Mais ce qu'il faut retenir pour l'instant, c'est que l'initié ne va pas seulement entendre cette légende, il va la vivre en devenant le personnage principal de sa reproduction.

Ici apparaît un procédé bien remarquable mis en pratique par Ashmole qui composa ce grade en 1649 (ceux d'apprenti et de compagnon ont été composés respectivement en 1646 et 1648). Pour apprendre à l'initié l'histoire de la tradition d'une manière vraiment utile, on va la lui faire revivre. Telle sera la clef des grades ultérieurs et de leur rituel. Telle est la constatation qu'il faut toujours avoir présente à l'esprit quand il s'agira de réformer les rituels en les adaptant à de nouvelles époques, sans s'éloigner de leur principe de constitution.

Apport des grades Templiers

Ramsay

Pour éviter toute obscurité ou toute énumération fastidieuse suivons l'évolution des grades maçonniques.

Aux trois grades purement symboliques d'apprenti, de compagnon et de maître Ramsay ajoute, en 1738, trois nouveaux grades dénommés Écossais, Novice et Chevalier du Temple. Ces grades sont exclusivement templiers et ont pour but de faire revivre au récipiendaire:

1° La naissance et la constitution de l'Ordre du Temple qui continue le Temple de Salomon ;

2° La destruction extérieure et la conservation secrète de l'Ordre ;

3° La vengeance à tirer des auteurs de la destruction.

Telle est la clef des trois grades, qui ont été adaptés à la légende d'Hiram, rattachant ainsi le Temple de Jérusalem à l'Ordre de Jacobus Burgundus Molay.

Les maçons qui voulaient conquérir les grades supérieurs devaient s'instruire dans l'occultisme et les premiers éléments de la Kabbale. Aussi le Novice (devenu Royal Arche plus tard) apprenait-il les noms divins que voici :

Iod (*Principium*).	י
Iaô (*Existens*).	יהך
Iah (*Deus*).	יה
Ehieh (*Sum, ero*).	אהיה
Eliah (*Fortis*).	אליה
Iahib (*Concedens*).	יחב
Adonai (*Domini*).	אסבי
Elchanan (*Misericors Deus*).	אלחנן
Iobel (*Jubilans*).	יןבל

On lui faisait, en même temps, étudier les rapports des lettres et des nombres, et les premiers éléments de la symbolique des formes.

Au grade suivant, Écossais (devenu le Grand Écossais plus tard), on joignait, à ces premières études, d'autres plus approfondies sur les correspondances dans la nature. C'est ainsi que le tableau suivant des correspondances des Pierres du Rational et des noms divins indiquera les premiers éléments de ces études.

PIERRES DU RATIONAL		NOM DIVIN GRAVÉ ET SIGNIFICATION
Sardoine................	MELEK.......	(*Rex*)
Topaze.................	GOMEL.......	*Retribuens*
Emeraude...............	ADAR	*Magnificus*
Escarboucle............	IOAH.........	*Deus fortis*
Saphir.	HAIN	*Fons*
Diamant................	ELCHAI..	*Deus vivens*
Syncure................	ELOHIM	*Dii* (Sin, les Dieux)
Agathe.................	EL	*Fortis*
Améthyste..............	IAOH.........	IAΩ
Chrysolithe............	ISCHLJOB	*Pater excelsus*
Onyx...................	ADONAI	*Domini*
Béryl..................	IEVE.	(*Sum qui sum*)

L'initiation à ces deux grades développait l'union entre le Temple de Salomon et les Templiers et elle se faisait dans des lieux souterrains pour exposer la nécessité à laquelle avait été réduit l'Ordre.

C'est au grade de Chevalier du Temple (devenu, en partie, le Kadosh) que le récipiendaire était vraiment consacré vengeur vivant de l'Ordre. On transformait ainsi l'initiation en une guerre politique à laquelle les Martinistes ont toujours refusé de s'associer.

Les paroles suivantes, gravées sur le tombeau symbolique de Molay, indiquaient, de plus, que les procédés tendant à atteindre jusqu'au seuil de la seconde mort étaient connus de ceux qui constituèrent ce grade.

Quiconque pourra vaincre les frayeurs de la mort sortira du sein de la terre et aura droit d'être initié aux grands mystères.

Le détail de l'initiation du Kadosh avec ses quatre chambres, la Noire où préside le grand maître des Templiers, la Blanche où règne Zoroastre, la Bleue où domine le chef du Tribunal de la Saint-Woehme et la Rouge où Frédéric dirige les travaux, indique que ce grade est le résumé de toutes les vengeances et la matérialisation, sur la terre, de ce terrible livre de sang, qui s'ouvre trop souvent dans l'invisible quand Dieu permet aux inférieurs de se manifester. C'est ce grade qui a toujours été réprouvé par les Martinistes, qui préfèrent la prière à la vengeance politique et qui veulent être des soldats loyaux de Celui qui a dit: « *Qui frappera par l'épée, périra par l'épée.* »

Le Rite Templier comprenait, non pas seulement ces quatre grades de Ramsay, mais bien huit grades que M. Rosen dans son Satan démasqué (auquel doit avoir collaboré quelque bon clérical, car l'auteur est trop instruit pour avoir dit toutes les naïvetés contenues dans cet ouvrage) rattache à tort, à notre avis, aux grades écossais du 19e au 28e :

Grades du Rite Templier

1° Apprenti ou Initié ;
2° Compagnon ou Initié de l'intérieur ;
3° Adepte ;
4° Adepte de l'Orient ;
5° Adepte de l'Aigle-Noir de Saint-Jean ;
6° Adepte parfait du Pélican ;
7° Écuyer ;
8° Chevalier de garde de la Tour intérieure.

LE RITE DE PERFECTION

Analyse de ses grades

C'est à ces grades templiers que la constitution du Rite de Perfection (1758) vint ajouter le complément du système maçonnique tout entier ainsi constitué:

1° Une section historique et morale dans laquelle le récipiendaire revit l'histoire du premier Temple de Jérusalem, depuis sa construction jusqu'à sa destruction, puis il participe à la découverte du Verbe qui, en s'incarnant, va donner naissance au Christianisme et à la Nouvelle Jérusalem, dont le récipiendaire devient un chevalier.

Analogiquement, cette section historique permettait de profondes dissertations morales sur la chute et la réintégration naturelle de l'être humain ;

2° Une section hermétique, consacrée au développement des facultés hyperphysiques de l'être humain, aux cérémonies initiatiques, reproduisait les phases du dédoublement astral et des adaptations alchimiques.

Cette section était renfermée dans deux grades seulement du Rite de Perfection: le Prince Adepte et le Prince du Royal Secret ;

3° À ces deux sections s'ajoutait, comme nous l'avons dit, la section templière.

Analysons rapidement les 25 degrés du Rite de Perfection pour éclairer encore la classification précédente.

Du 4e au 15e grade, le président de loge représente soit Salomon, soit un de ses aides ou un de ses vassaux. L'on s'occupe, soit de la construction du Temple, soit de la vengeance d'Hiram ou de son remplacement.

C'est cette idée de vengeance qui a fait croire à Rosen[1] que les grades d'Élus se rapportaient à la Sainte-Woehme ; c'est une erreur qu'un illuminé n'aurait pu commettre. La Sainte- Woehme a été une adaptation germanique des vengeurs pythagoriciens, initiés eux-mêmes des vengeurs d'Osiris, comme l'a fort bien vu l'auteur de Thuileur de l'écossisme et cependant Aulnaye n'a pas dépassé les petits mystères et n'a compris dans l'initiation que le côté naturaliste et le plan sexuel, comme le font aujourd'hui les cléricaux. L'extrait suivant nous éclairera à ce sujet:

« Si le troisième grade de la Maçonnerie, celui de maître, nous offre le tableau de la mort d'Hiram, dit l'Architecte du Temple, ou plutôt de celle d'Osiris, de Pan, de Thammuz, Grand Architecte de la Nature, avec le premier élu s'échappe le premier cri de vengeance, celle qu'Horus exerça contre les meurtriers de son père, Jupiter contre Saturne, etc. Ce grand et permanent système de vengeance, qui se trouve plus ou moins clairement exprimé dans une foule de grades et notamment dans le Kadosh, remonte aux temps les plus reculés. Indépendamment de l'interprétation que l'on peut lui trouver dans les opérations même de la Nature qui présentent une suite de combats et de réactions, entre le principe générateur et le principe destructeur, il appartient surtout à la théocratie, le plus ancien des gouvernements. Suivant les différentes circonstances où se sont trouvés les fondateurs des sociétés secrètes, et suivant l'esprit particulier qui les animait, ils ont fait l'application de cette vengeance à telle ou telle légende, à tel ou tel fait historique ; de là la différence des rites ; mais les principes fondamentaux sont toujours les mêmes[2]. »

Au 17e grade (chevalier d'Orient et d'Occident), nous arrivons à la prise de Jérusalem par les Romains et à la destruction du Temple.

C'est alors que nous trouvons le grade vraiment chrétien de la Maçonnerie, ce grade auquel les Rose-Croix ont donné le nom de leur Ordre et dans lequel ils ont renfermé la partie la plus pure de la tradition. Aussi les matérialistes, n'y comprenant plus rien, diront-ils que ce grade est une création des Jésuites, et les Jésuites, émus de voir la croix et le Christ glorieux dans un temple maçonnique ; diront-ils que ce grade est une création de Satan.

Comme on le voit, il y en a pour tous les goûts.

Le grade de Rose-Croix maçonnique est la traduction physique des mystères qui conduisent au titre de Frère illuminé de la Rose-Croix, titre n'appartenant pas à la Franc-Maçonnerie, mais à sa créatrice : la Société des Illuminés. Un Rose-Croix maçon, quand il connaît bien son grade, peut être considéré comme un apprenti illuminé et il possède tous les éléments d'un haut développement spirituel, comme nous allons le voir en analysant ce grade.

La Rose-Croix maçonnique

L'initiation au grade de Rose-Croix maçonnique demande quatre chambres : la Verte, la Noire, l'Astrale et la Rouge, qu'on réduit, dans la pratique, généralement à trois en supprimant la première.

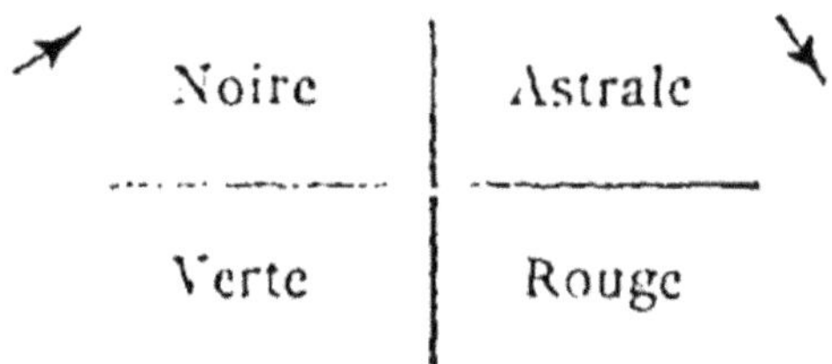

Le thème du grade, c'est que la Parole qui doit permettre la reconstruction du Temple a été perdue. Le récipiendaire la retrouve, c'est le nom de N.-S. Jésus-Christ : INRI, et, grâce à cette parole, il traverse la région astrale dans sa section inférieure ou infernale et il parvient dans la chambre de la purification chrétienne et de la réintégration.

Au point de vue alchimique, c'est la création de la pierre au rouge par la découverte des forces astrales, la sortie de la tête du corbeau et le passage au phénix ou au pélican.

Au point de vue moral, c'est la naissance en l'homme de l'étincelle du Verbe divin, renfermée dans son âme, par l'exercice de la prière, de la charité, du sacrifice et de la soumission au Christ.

Allez donc faire comprendre cela à un marchand de vins, courtier électoral et dignitaire du Grand-Orient, ou à un B.-P. Jésuite. Le premier remplacera la Foi, l'Espérance et la Charité par sa chère devise Liberté, Égalité, Fraternité... ou la Mort, et le second voudra absolument trouver des anagrammes qui transforment le nom du Christ en celui du Prince de ce Monde, car il ne peut pas concevoir qu'on comprenne le Christ sans passer par l'intermédiaire coûteux de ceux qui pensent être le seul clergé divin sur la terre. Pour le clérical, c'est du « gnosticisme » que tout cela, et il entend par ce mot tout ce qu'il ne comprend pas.

Reprenons l'analyse de l'initiation.

La chambre verte rappelle la première évolution du récipiendaire dans les grades symboliques.

La chambre noire va lui ouvrir les portes de la seconde mort.

Elle va indiquer un changement de plan. Elle est tendue de noir, avec des larmes d'argent.

La destruction du premier Temple est représentée par des colonnes brisées et des instruments de construction jonchant le sol. Trois colonnes restent seules debout et le transparent qui les domine se lit : FOI, AU S.-O. ; ESPÉRANCE, AU S.-E. ; ET CHARITÉ, AU N.-O.

À l'est est un des symboles les plus profonds, tout d'abord une table, recouverte d'un drap noir, et sur laquelle se trouvent, outre les instruments de construction matérielle (compas, équerre, triangle), le symbole de la création par l'homme de son être spirituel : la Croix portant une rose à l'intersection de chacun de ses bras.

Cette table est placée devant un grand rideau qui, en s'écartant, laissera apercevoir le Christ crucifié éclairé par deux flambeaux de cire de couleur solaire.

C'est là que le récipiendaire retrouvera la « Parole perdue », après avoir recréé en lui d'abord la Foi, basée sur le travail personnel ; puis la Charité, qui lui ouvre, toutes grandes, les portes de l'Espérance, de l'Immortalité.

Cette immortalité, il va en acquérir immédiatement la certitude symbolique, car, le visage recouvert d'un voile noir, il pénètre, aidé par ceux qui ont passé avant lui, dans la chambre que nous appelons astrale et qu'on appelle généralement infernale.

Disons à ce propos, et pour faire plaisir à M. Antonini[3] que ce que les catholiques appellent l'Enfer est appelé par les occultistes « plan astral inférieur ». Pour arriver au ciel, il faut traverser le plan astral et triompher, par sa pureté morale et par son élévation spirituelle, des larves et des êtres qui peuplent cette région de l'Invisible. Le ciel envoie à ses élus des guides pour passer à travers cette région, et l'auteur de Pistis Sophia donne d'intéressants renseignements à ce sujet. Mais les occultistes mettent les larves et les démons à leur vraie place et ils ne les adorent pas, réservant leurs prières pour le Christ ou la Vierge. Il faut triompher des démons pour parvenir au plan céleste et on n'en triomphe qu'en suivant les préceptes évangéliques, en Occident, ou en suivant les révélations des maîtres, en Orient. Tout homme de bien, qu'il soit chrétien, musulman ou boudhiste, va au ciel quand il a suivi la parole de Dieu, et tout criminel, qu'il soit pape, prêtre catholique, juif, protestant ou simple laïque de n'importe quelle religion, va faire connaissance avec les êtres du plan astral, jusqu'à la dissolution de ses écorces, à moins que la pitié divine n'efface le cliché de ses fautes. Voilà pourquoi le Dante a vu plusieurs papes en enfer.

Cette chambre astrale est formée d'un transparent à chaque bout duquel est un squelette, pour bien indiquer que la mort est la seule porte d'entrée ou de sortie de cette chambre. Sur le transparent, on a peint des larves et des êtres astraux quelconques, que le récipiendaire aperçoit en soulevant le voile qui recouvre sa tête.

Il arrive ainsi à la chambre rouge, éclairée par 33 lumières.

A l'Orient, sous un dais, le récipiendaire aperçoit un admirable symbole. En haut, une étoile flamboyante portant la lettre ש (Schin) renversée pour indiquer l'incarnation du Verbe divin dans la nature humaine. Au-dessous est un sépulcre ouvert et vide pour montrer que le Christ a triomphé de la mort, indiquant ainsi la voie à tous ceux qui voudront le suivre.

C'est aussi dans cette direction qu'est l'étendard du chapitre sur lequel est gravé le Pélican, debout sur son nid et nourrissant ses sept petits de son sang qu'il fait couler en se perçant le côté avec son bec. Ce Pélican porte sur la poitrine la Rose-Croix. Tel est le symbole du vrai chevalier du Christ, telle est la représentation de l'action incessante de la lumière divine qui fait vivre même ceux qui commettent des atrocités en son nom, comme le soleil éclaire les bons et les méchants répandus sur les sept régions planétaires de son système.

Les inscriptions des colonnes: Infinité et Immortalité, caractérisent la transformation spirituelle des vertus illuminant la chambre noire.

Cette initiation est appuyée par quinze points d'instruction qui transforment successivement le récipiendaire en chevalier d'Heredom, chevalier de garde de la Tour et Rose-Croix. Ces instructions portent sur les points suivants :

1° Maîtrise ;

2° nombres 9, 7, 5 et 3 ;

3° pierre angulaire ;

4° mystères de l'arche et de l'immortalité (Énoch et Élie) ;

5° les montagnes de salvation, le Moria et le Calvaire, dans tous les plans ;

6° l'athanor hermétique ;

7° les vertus morales nées de l'effort spirituel ;

8° la résistance aux passions (garde de la Tour) ;

9° la symbolique astrale ;

10° la symbolique générale ;

11° la symbolique numérale ;

12° la Jérusalem chrétienne et le nouveau Temple universel ;

13° les trois lumières chrétiennes : Jésus, Marie, Joseph ;

14° la parole perdue ;

15° Consummatum est.

Enfin, les Illuminés avaient transmis à la Maçonnerie, dans ce grade, leur système de réduction kabbalistique des noms en leurs consonnes et les cinq points figurant l'apprentissage de l'illuminisme.

Les grades suivants : 19, grand pontife ; 20, grand patriarche ; 21, grand maître de la Clef ; 22, prince du Liban, continuent la mise en action de la tradition historique.

Ce dernier grade, prince du Liban est devenu le chevalier royal Hache de l'Ecossisme et il commence la série des véritables grades hermétiques consacrés au développement des facultés spirituelles.

Le thème initiatique de ces grades hermétiques porte sur la partie de sa vie où Salomon s'est livré à l'étude de la magie et de l'alchimie. On voit ainsi Salomon soumis aux épreuves de la mort seconde, de l'abandon du vrai Dieu pour les idoles et revenant à la vraie foi par la science. C'est une reprise sur un autre plan de l'allégorie historique des grades précédents. Dans la Maçonnerie de perfection, les grades hermétiques étaient renfermés dans les degrés suivants : 22, prince du Liban ; 23, prince adepte, et 25, prince du Royal Secret.

Nous retrouvons dans ce grade de prince adepte, devenu le 28, du Rite Écossais, chevalier du Soleil, ces études théoriques sérieuses qui forment la base de toute pratique réelle.

C'est à propos de l'Ecossisme, et à cause des développements qu'il a donnés à ces grades hermétiques, que nous étudierons en détail cette section.

Comme on le voit, le Rite de Perfection contenait tout le système maçonnique et les transformations qu'il aura à subir ne porteront que sur le développement de grades existants déjà au « Conseil des Empereurs d'Orient et d'Occident ».

Passons donc à l'Écossisme ; mais, avant, énumérons les sept classes comprenant les grades de ce Rite:

1re classe. - 1, 2, 3.

2e classe. - 4, 5, 6, 7 et 8.

3e classe. - 9, 10, 11.

4e classe. - 12, 13, 14.

5e classe. - 15, 16, 17, 18, 19.

6e classe. - 20, 21, 22.

7e classe. - 23, 24, 25.

L'Écossisme. Raison d'être de ses nouveaux grades

Illuminisme, Réintégration et Hermétisme

Nous arrivons à l'Écossisme proprement dit, c'est-à-dire au développement des derniers grades du Rite de Perfection.

Ainsi que nous venons de le dire, les mystères du dédoublement conscient de l'être humain, ce qu'on a appelé la sortie consciente du corps astral et qui caractérisait le baptême dans les temples anciens, ces mystères ont été développés pour constituer les degrés écossais, ajoutés par le Suprême Conseil de Charleston, vers 1802, au système apporté par Morin.

Il n'est donc pas juste de ne voir dans ces grades que des superfétations inutiles. Ils terminent la progression du développement de l'être humain en lui donnant la clef de l'usage des facultés supra-humaines, du moins dans la vie actuelle. Nous disons la clef, car une initiation ne peut pas donner autre chose.

Qu'importe, après cela, que ces lumières soient données à des hommes qui n'y verront qu'un symbolisme ridicule, ou qu'elles aveuglent des cléricaux qui y chercheront des *phallus* et des *ctéis*, selon leur louable habitude ; car ils ont un cerveau ainsi fait qu'ils ne voient que cela partout. Pauvres gens!

L'initiation va retracer les phases diverses de la traversée consciente des plans astraux, avec ses dangers, ses écueils et son couronnement qui est de franchir le cercle de l'enfer astral pour s'élever, si l'âme en est digne, dans les diverses régions célestes.

Le thème représentera, ainsi que nous l'avons dit, le récipiendaire sous la figure de Salomon occultiste dirigeant Hiram, en prenant part personnellement aux opérations.

Le 22e grade, chevalier royal Hache, se rapporte aux réparations matérielles des opérations figurées par les coupes des cèdres sur le mont Liban et par la hache consacrée.

Le 23e grade, chef du Tabernacle, se rapporte aux indications concernant le plan dans lequel on va opérer, c'est-à-dire la nature astrale. La salle est parfaitement ronde, éclairée par sept luminaires principaux et 49 = 13 (chiffre du passage en astral) lumières accessoires. Le mot sacré est IEVE et le mot de passe est le nom de l'Ange du feu qui doit venir assister l'opérateur au début de ses épreuves : OURIEL. Ce grade montre l'erreur des opérateurs qui, pour aller plus vite, font appel aux forces inférieures de l'astral et risquent de perdre la communication avec le ciel, en se laissant tromper par le démon, figuré ici par les idoles auxquelles sacrifia Salomon. Le récipiendaire doit sortir triomphant de ce premier contact avec la région astrale.

C'est alors qu'il aborde le plan où sont gravés les clichés astraux. Il voit la parole de Dieu, celle des douze commandements et celle des Évangiles écrite sur le livre éternel et il accomplit alors le premier voyage en Dieu (mot de passe) (24e grade).

C'est là qu'il atteint le plan d'extase où se trouvait Moïse quand il vit s'illuminer le buisson ardent. Il vient de dépasser le plan astral, il aborde le plan divin et il a la première manifestation de l'harmonie céleste (25e grade). Le récipiendaire a comme signe celui de la croix, et le mot sacré est Moïse, le mot de passe INRI, pour indiquer l'union des deux Testaments. Les chaînes qui entourent le récipiendaire indiquent le poids de la matière et des écorces qui paralyse l'action de l'Esprit dans le plan divin, et le serpent d'airain, entortillé autour de la croix, indique la domination du plan astral (le serpent) par l'homme régénéré par le Christ (la croix).

Les cléricaux n'ont pu, à leur grand regret, trouver de diable dans ce grade. Aussi le passent-ils généralement sous silence.

Poursuivant son évolution dans le plan invisible, le récipiendaire aborde les divers plans de la région céleste (26e degré,

Écossais trinitaire ou prince de Merci). Il va passer par le premier, le second et le troisième ciel et, au lieu des démons du plan astral, il va prendre contact avec les sylphes et les receveurs célestes.

Aussi faut-il voir les gloussements ironiques des ignorants quand ils s'occupent de ce grade et les joyeux commentaires des cléricaux. Mais poursuivons.

Le récipiendaire reçoit des ailes comme marque de son ascension jusqu'au plan divin.

Le catéchisme contient ces phrases caractéristiques:

D. Êtes-vous Maître Ecossais trinitaire?

R. J'ai vu la Grande Lumière et suis, comme vous, Très Excellent, par la triple alliance du sang de Jésus-Christ, dont vous et moi portons la marque.

D. - Quelle est cette triple alliance ?

R. - Celle que l'Éternel fit avec Abraham par la circoncision ; celle qu'il fit avec son peuple dans le désert, par l'entremise de Moïse ; et celle qu'il fit avec les hommes par la mort et la passion de Jésus-Christ, son cher fils.

Au degré suivant (27e), grand commandeur du Temple, le récipiendaire est admis dans la Cour céleste et le bijou porte en lettres hébraïques הוהי, c'est-à-dire INRI. Le signe consiste à former une croix sur le front du frère qui interroge.

Nous parvenons ainsi au grade qui renfermait primitivement tous les précédents, le grade de chevalier du Soleil (28e), l'ancien prince adepte du Rite de Perfection.

Ce grade symbolise la réintégration de l'Esprit dans l'Adam-Kadmon, quand il en a été jugé digne par Dieu. Le récipiendaire se trouve transporté dans l'espace intrazodiacal où était l'homme avant la chute, et il prend connaissance des sept Anges planétaires qui président, depuis la chute, aux destinées des sept régions, car le récipiendaire est supposé se trouver dans le soleil. Il va commencer à prendre connaissance des forces émanées de ce centre. Voici d'abord les correspondances enseignées dans ce grade, dont le mot de passe, purement alchimique, est *Stibium*:

MICHAEL......	*Pauper Dei.........*	SATURNE
GABRIEL.......	*Fortitudo Dei........*	JUPITER
OURIEL	*Ignis Dei............*	MARS
ZERACHIEL.....	*Oriens Deus.........*	SOLEIL
CHAMALIEL.....	*Indulgentia Dei.. ...*	VÉNUS
RAPHAEL	*Medicina Dei........*	MERCURE
TSAPHIEL......	*Absconditus Deus....*	LA LUNE

Le 29e grade (grand écossais de Saint-André) essentiellement alchimique. L'adepte est supposé revenu sur terre après son ascension dans le mon des principes, et capable de réaliser le Grand Oeuvre.

À ce grade on a adjoint, comme mot sacré, un cri de vengeance, qui montre qu'on a mélangé quelques points du Rite templier avec l'enseignement hermétique. Voici les mots de passe de ce grade qui sont assez nets à ce sujet:

MOTS DE PASSE DU 29e DEGRÉ

Ardarel - Ange du Feu
Casmaran - Ange de l'Air
Tailliud - Ange de l'Eau
Furlac - Ange de la Terre.

Parmi les grades administratifs 31e, 32e, 33e, nous signalerons surtout le 32e, l'ancien 25e du Rite de Perfection : prince du Royal Secret.

Ce qui nous intéresse, c'est la figure de ce grade, « le sceau » où nous voyons cinq rayons de lumière entourant un cercle et inscrits eux-mêmes dans un autre cercle enfermé dans un triangle autour duquel est un pentagone, qui reproduit l'analyse du Sphinx, Taureau, Lion, Aigle (à deux têtes) et cœur enflammé et ailé, le tout dominé par la pierre cubique. Autour du sceau sont les campements figurant les centres de réalisation maçonnique,

Le 33e degré est, en partie, le développement alchimique du prince du Royal Secret et, en partie, une composition à la sauce Frédéric qui ne nous intéresse pas. Il constitue le grade administratif des centres maçonniques qui peuvent se rattacher à un illuminisme quelconque.

Résumé général et récapitulation des grades Maçonniques.

Le coup d'œil que nous venons de jeter sur la hiérarchie des grades maçonniques nous montre qu'ils constituent une réelle progression harmonique, dans laquelle se rencontrent à peine quelques anomalies, comme les grades noachites, composés en dehors de l'action des fondateurs du système maçonnique.

Ces grades symboliques contiennent bien en germe tout le système, mais les hauts grades développent harmoniquement ce germe, d'abord sous le point de vue historique, en passant en revue le peuple juif, puis le christianisme, puis le Tribunal secret, les Ordres de chevalerie et les Templiers.

Ce système serait incomplet sans le couronnement vraiment occulte ouvrant à l'initié des vues nouvelles sur le salut de l'Etre humain par la prière, le dévouement (18e) et la charité qui conduisent aux épreuves de la seconde mort et à la perception du plan divin après avoir triomphé des tentations infernales du plan astral. Les Illuminés ont donc personnellement donné à leur oeuvre tous ses développements ; comme ils sauront la récréer si elle finit dans le bas matérialisme et l'athéisme.

Le tableau suivant résumera le sens général des différents grades.

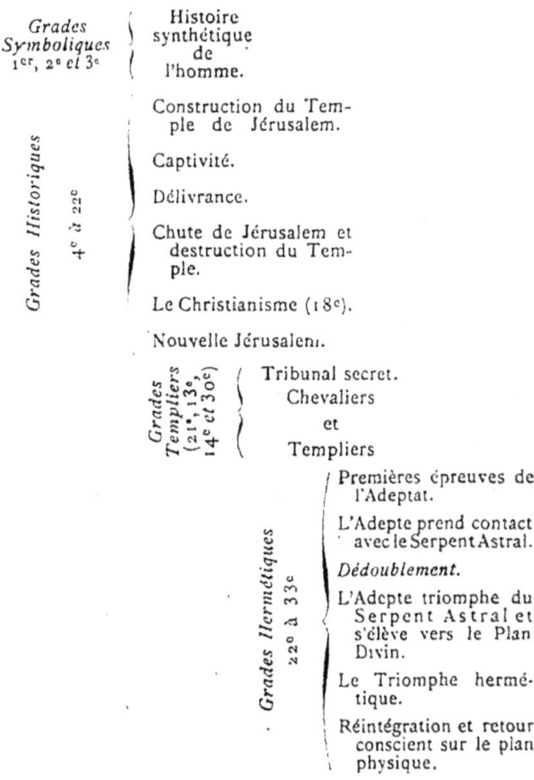

L'évolution progressive des grades nous apparaît donc de la façon suivante (voir le tableau ci-après) :

1° Trois grades symboliques ;

2° Trois hauts grades templiers de Ramsay, qui doivent être placés en face des n° 13, 14 et 30 ;

3° Constitution des grades historiques, développement de l'histoire de Salomon et de la construction du Temple de Jérusalem, 4 à 15 ; destruction du Temple et reconstitution de la Nouvelle Jérusalem par le christianisme, 15 à 22 ;

4° Couronnement des grades historiques par les grades de l'Hermétisme, ouvrant une porte sur l'Illuminisme chrétien, 22 à 25.

Tel est le résumé du Rite de Perfection. Aux vingt-cinq degrés du Rite de Perfection le Suprême Conseil de Charleston a apporté les changements suivants : Plusieurs nouveaux grades furent ajoutés, ce sont le chef du Tabernacle (23), le prince de Merci (21), le chevalier du Serpent d'Airain (25) et le commandeur du Temple (26), le chevalier du Soleil (27). Le prince du Royal Secret occupa les grades 28, 29, 30, 31 et 32 ; le Kadosh, le 28e degré ; et le souverain grand inspecteur général, le 33e et dernier.

A l'arrivée de Grasse Tilly à Paris, une nouvelle disposition fut adoptée qui régit encore l'Écossisme. La voici dans ses grandes lignes : (24e) le prince de Merci devint le prince du Tabernacle ; le commandeur du Temple devint l'Écossais Trinitaire (26e) ; le chevalier du Soleil devint le 28e grade et fut remplacé par le grand commandeur du Temple ; le 29e degré fut le grand Ecossais de Saint-André et le Kadosh (ancien 24e du Rite de Perfection et 28e de Charleston) devint définitivement le 30e degré. Le 31e fut le grand inspecteur ; le prince adepte constitua le 32e, et le souverain grand inspecteur général le 33e et dernier degré. Enfin un grade de noachite, le 21e, remplaça partout le grand maître de la clef du Rite de Perfection.

1	Apprenti ..	(*Rite de Perfection*)	(*Suprême Conseil de Charleston*).	(*Convent de Lausanne*).
2	Compagnon	»		
3	Maître.....	»	»	»
4	»	Maître secret........	»	»
5	»	Maître parfait.......	»	»
6	»	Secrétaire intime....	»	»
7	»	Prévôt et juge.......	»	»
8	»	Intendant des Bâtim[ts]	»	»
9	»	Elu des neuf........	»	»
10	»	Elu des quinze.....	»	»
11	»	Illustre Elu.........	»	»
12	(*Ramsay*)..	G[d] Maître architecte.	»	»
13	+ Ecossais	Royale arche.......	»	»
14	+ Novice.	Grand Elu ancien maître parfait.....	Perfection..........	»
15	» .	Chevalier de l'épée..	Chevalier d'Orient..	»
16	» .	Prince de Jérusalem.	»	»
17	» .	Chevalier d'Orient et d'Occident........	»	»
18	» .	Chevalier Rose-Croix	»	»
19	» .	Grand Pontife.......	»	»
20	» .	Grand Patriarche....	Grand Maître de toutes les loges	Vén. G. M. des loges
21	» .	Grand Maître de la Clef	Patriarche Noachite.	Noachite...........
22	» .	Prince du Liban.....	Royal Hache ou Prince du Liban...	Chevalier Royal Hache..............
23	» .	»	Chef du Tabernacle.	Chef du Tabernacle.
24	» .	»	Prince de Merci.....	Prince du Tabernacle.
25	» .	»	Chevalier du Serpent d'Airain..........	Chevalier du Serpent d'Airain..........
26	» .	»	Commandeur du Temple..........	Ecossais, Trinitaire.
27	» .	»	Chevalier du Soleil..	G[d] Commandeur du Temple..........
28	» .	Prince Adepte (23)...	Kadosh.............	Chevalier du Soleil..
29	» .	»	»	G[d] Ecossais de Saint-André............
30	+ Chevalier du Temple.	Chevalier commandeur de l'Aigle Blanc et Noir (24).	Prince du Royal Secret...............	Kadosh.............
31	» .	»	Souverain Grand Inspecteur général ...	Grand Inspecteur....
32	» .	Souverain Prince de la maç.·. Sublime commandeur du Royal Secret (25)..	»	Sub. Prince du Royal Secret............
33	» .	»	»	Souverain Grand Inspecteur général....

Des symboles et de leur traduction

Un mot au sujet de la traduction des symboles, dans toutes leurs adaptations.

Un symbole est une image matérielle d'un principe auquel il se rattache analogiquement. Par suite, le symbole exprime toute l'échelle analogique des correspondances de sa classe, depuis les plus élevées jusqu'aux plus inférieures.

C'est ainsi qu'un grossier sectaire pourra dire que le drapeau n'est qu'un manche à balai peint, supportant trois chiffons colorés ; dans ce cas, il matérialise, pour l'avilir, l'idée si belle et si pure de la représentation symbolique de la Patrie.

Aussi ce procédé de dénigrement consistant à donner aux symboles leur correspondance analogique la plus triviale sera-t-il employé avec ravissement par les écrivains cléricaux analysant les symboles maçonniques.

Le principe créateur actif et le principe générateur passif, symbolisés dans l'Église catholique par l'action du Père et du Fils, ont, comme correspondance sexuelle inférieure, le phallus et le ctéis. Aussi les cléricaux n'ont-ils pas manqué de raconter à leurs lecteurs que tout le symbolisme maçonnique, ou toute la tradition initiative des Illuminés, se réduisait à des représentations de ces organes. C'est là de l'ignorance ou de la mauvaise foi et il faut seulement hausser les épaules devant de tels procédés.

Que diraient les cléricaux, si on leur retournait leur procédé en leur montrant qu'en raisonnant avec leur mentalité on pourrait dire que le goupillon est une image du phallus fécondateur et que l'eau bénite représente, dans ce cas, l'émission de la substance génératrice ; qu'il en est de même de la crosse de l'évêque, tandis que les calices sont des représentations ctéiques! Que diraient donc les hommes réellement instruits de ces analogies grossières et malpropres ? Ils diraient que c'est faire preuve d'un singulier état d'esprit, bien voisin de la sénilité. Aussi nous semble-t-il que c'est un service à rendre aux écrivains catholiques que de les prier d'étudier un peu mieux ce qu'on entend par une échelle de correspondances analogiques et de ne pas considérer les symboles, même maçonniques, sous ce jour grossier ; car ils risquent de s'en voir faire autant, et ce n'est pas spirituel et vrai ni d'un côté, ni de l'autre[4].

Voici quelques notes sur le symbolisme des couleurs employées pour les tentures, puis de la parole sacrée que nous empruntons à de l'Aulnaye.

Le blanc est consacré à la Divinité ; le noir, à Hiram et au Christ[5] ; aussi se retrouve-t-il dans le Maître, l'Élu, le Kadosh et dans le Rose-Croix. Le vert, emblème de la Vie et de l'Espérance, l'est aussi de Zorobabel ; voilà pourquoi c'est la couleur du Maître parfait et du Chevalier d'Orient. Le rouge appartient à Moise, et surtout à Abraham ; à ce titre, il est la cour spéciale de l'Écossais. Enfin le bleu, qui, comme symbole du séjour céleste, est la couleur du *Sublime Écossais*, se reporte, parmi les Patriarches, à Adam, créé dans l'innocence à l'image de Dieu, et habitant le jardin d'Eden[6].

Comme symbole de la Parole primitive le Jéhovah appartient spécialement à l'ancien Maître ou Maître parfait, et comme Parole retrouvée au véritable Écossais, consécrateur du prêtre de Jéhovah, ou de l'ancienne loi, par opposition avec la nouvelle. Il se retrouve particulièrement dans le Royal Arche, dans l'Écossais de la Perfection, dans le Maître ad Vitam, l'Élu Parfait, l'Élu Suprême, les Écossais de Prusse, de Montpellier, l'intérieur du Temple, etc.[7]

Le Cri d'alarme

C'est à la suite d'une erreur capitale que la Franc-Maçonnerie française, poussée à son insu par les agents de l'étranger, s'est laissée entraîner dans les combats politiques ; on lui a montré le spectre du cléricalisme, comme on montre le manteau rouge au taureau ; on a exalté les tendances matérialistes de ses membres sous prétexte d'en faire des «esprits libres » et des « hommes de raison », et de l'anticléricalisme à l'athéisme il n'y avait qu'un pas que les naïfs ont bientôt franchi. A quoi servait de parler de ce « Grand Architecte de l'Univers » qui devait être encore quelque produit « de l'ignorance et de la Superstition » ; à quoi bon ces symboles, « vains souvenirs d'un âge d'esclavage et d'obscurantisme » ? Et on a biffé le Grand Architecte sur les planches et sur les diplômes, et on a réduit les symboles à l'intelligence des piliers de café chargés de les expliquer.

Le plan de l'étranger était ainsi réalisé. Ces « hommes libres », ces « êtres à la raison éclatante et éclairée », ont été présentés au reste du monde comme des scélérats et des hommes assez vils pour mépriser le Grand Architecte ; et aussitôt, dans toutes les loges de l'univers, le mot d'ordre a passé rapide comme l'éclair et les portes se sont fermées, comme par enchantement, sur le nez des « libres penseurs français » indignés de trouver partout des « maçons encore attachés aux erreurs du passé ».

Les malins Français se sont fait jouer comme des enfants. Leurs relations avec le reste des réunions maç.·. de l'univers étaient coupées pour la grande majorité. Il restait à couper définitivement tout lien, en lançant ce qui restait d'Écossais dans la même voie.

La fuite des caissiers, survenue fort à propos, ruina complètement le Suprême Conseil écossais qui remit ses loges à la « Grande Loge Symbolique Écossaise », l'enfant de la rébellion, et constitua ainsi la Grande Loge de France, qui, toujours menée en secret par les intrigues, s'empressa de rayer le nom du G.·. A.·. qui rattachait encore quelques Français à l'étranger.

Il ne reste plus que quelques chapitres écossais et quelques rares aréopages capables de maintenir le lien avec la Maçonnerie universelle, et l'on travaille ferme à briser ce dernier cordon.

Mais l'invisible veille. Ce sont des Illuminés qui ont fait la Maçonnerie, et qui ont choisi la France comme centre supérieur dans le Visible comme elle l'est dans l'invisible ; ce sont aussi des Illuminés qui sauveront encore une fois les aveugles et les sourds.

Que les membres du Suprême Conseil Écossais qui liront ces lignes réfléchissent quelque peu et qu'ils sortent, pour un instant, de l'atmosphère étroite des querelles de personnes et des questions d'argent.

Le salut de l'œuvre patiente de leurs prédécesseurs est dans leurs mains et notre rôle doit se borner à jeter le cri d'alarme.

Du reste, ils savent déjà tout cela et nous n'avons rien à leur apprendre. Nous pouvons avoir pleine et entière confiance dans leur clairvoyance et leur patriotisme.

DISCOURS D'INITIATION MAÇONNIQUE 1ER DEGRÉ

Mon Frère,

Vous entrez, aujourd'hui, dans une société nouvelle. Dans les autres sociétés actuellement organisées dans les pays civilisés, on vous admet, soit directement, soit sur la présentation de parrains, et sans aucune cérémonie spéciale.

Parmi nous, vous avez assisté à des cérémonies, à des épreuves et à des interrogations, qui ont dû vous sembler étranges à une époque aussi positive que la nôtre. Au lieu d'une salle nue et d'hommes se présentant à vous comme dans la vie civile, vous êtes entouré de symboles : les hommes qui se présentent à vous sont ornés de rubans symboliques et les frères qui vous entourent, vous présentent également des objets se rapportant au métier de constructeur. Tout cela a pour but de vous montrer, qu'à dater de ce jour, vous êtes appelé au rôle glorieux, mais parfois difficile, de constructeur social. Alors que des ignorants, des sectaires, des hommes à moitié instruits, professeront autour de vous la destruction sous toutes ses formes, le Centre dans lequel vous entrez va vous enseigner à distinguer ce qu'il faut détruire et ce qu'il faut, au contraire, rebâtir.

Matériellement, on vous présente une pierre brute dont il vous faudra arrondir les angles, pour faire oeuvre personnelle. Vous avez ainsi dégrossi la pierre brute, débarrassé le futur élément de construction des ronces et des épines qui pouvaient l'entourer ; vous présenterez à l'architecte un élément tout prêt à entrer dans l'édifice. Mais cette construction, comme tout ce qui vous entoure, est symbolique et, ce n'est pas dans une carrière ouverte à tous les vents que vous aurez à construire votre édifice, c'est dans les cerveaux humains, dans les cœurs des hommes, qui ne reçoivent plus la lumière de nos appartements que vous aurez à manifester votre action. Mais pour faire oeuvre utile, il faut que vous soyez progressivement appelé à manier les outils symboliques, qui sont mis entre vos mains. Le niveau ne sera plus qu'un instrument sectaire de destruction, si son action n'est pas équilibrée par la règle ; et, la truelle ne sera vraiment féconde que si elle sert à manifester le plan de l'architecte. Voilà, pourquoi plusieurs degrés existent dans l'instruction des membres de la grande famille symbolique. Aujourd'hui, vous êtes étudiant constructeur. Revêtu du tablier symbolique, vous écouterez et vous profiterez de l'acquis de ceux qui vous ont précédé dans la carrière.

Demain, conscient de votre force intellectuelle, ayant manifesté votre désir de passer des oeuvres matérielles aux oeuvres de l'esprit, la Science traditionnelle de la Maçonnerie ouvrira pour vous ses symboles et ses livres, dans le second degré de nos grades.

Pour l'instant, la grande famille des frères connus et inconnus s'ouvre à vous. Apprenez à connaître l'esprit maçonnique, apprenez à éloigner de vous la fausse science et le sectarisme, combattez les préjugés, éclairez tout cerveau embruni par l'obscurantisme et soyez digne d'être une de ces lumières cachées qui rayonnent dans l'humanité.

DISCOURS D'INITIATION MAÇONNIQUE DEUXIÈME DEGRÉ

Mon Frère,

Comme apprenti, vous aviez fait trois voyages. Dans le premier, le désordre régnait autour de vous et vous franchissiez des obstacles variés ; dans le second, un cliqueti d'armes inquiétant avait frappé vos oreilles et, lorsque après le troisième, la lumière s'est faite devant vous, vous avez vu vos frères, armés et assemblés, prêts à vous protéger et à vous défendre dans la voie nouvelle que vous aviez suivie.

Après des semaines d'études, votre cerveau s'est peu à peu débarrassé des préjugés et des erreurs de la société profane. Vous aviez appris à penser par vous-même ; vous avez appris à exprimer votre pensée et, conscient de votre évolution intellectuelle, vous êtes aujourd'hui digne d'une augmentation de salaire.

Pour comprendre les mystères du second degré de la science maçonnique, vous avez, tels les anciens compagnons, accompli plusieurs voyages.

D'abord, armé des instruments de démolition, d'un maillet et d'un ciseau, vous avez symboliquement attaqué les erreurs partout où elles frappaient votre conscience ; ensuite, tenant le compas et la règle vous avez commencé à tracer la planche de vos futurs travaux ; puis, grâce au levier et à la règle, vous avez matériellement commencé la construction de l'édifice ; enfin, grâce à la règle et à l'équerre, vous avez pu construire votre édifice d'une façon normale et de manière à défier le temps. Alors l'œuvre matérielle était terminée.

Dans le cinquième voyage, vous n'aviez plus d'outil matériel et c'est la tradition intellectuelle que vous êtes venu nous demander.

Jadis, les hommes libres, voulant penser librement, étaient opprimés par les organisations tyranniques des pouvoirs ou des sacerdoces. C'est alors que quelques âmes fières ont fondé ces associations d'initiés laïques qui, à l'imitation des grandes fraternités égyptiennes, établissaient par toute la terre un lien mystérieux, unissant les intelligences en dehors des nationalités, des cultes et des sectes. Certains signes, connus seulement des frères, permettaient à ceux-ci de communier entre eux d'une façon discrète et de se reconnaître dans la société profane. C'est grâce à la connaissance de ces signes que Platon fut libéré de l'esclavage par un frère qu'il avait rencontré. C'est grâce à ces fraternités mystérieuses qu'après l'occupation de l'Egypte par Rome, les initiés laïques, les descendants des Pythagoriciens, plus tard les Esséniens, ont conservé sur la terre cette chaîne invisible reliant entre eux les hommes libérés de la servitude.

Se réunissant entre eux, ces frères recevaient les nouveaux frères, comme jadis ils étaient reçus dans les temples d'Egypte.

A côté de la lumière visible, on apprenait l'existence d'une lumière invisible, source de forces et d'énergies inconnues, cette lumière secrète qui illumine tout homme venant en ce monde et qui fut représentée par l'étoile à cinq branches, symbole de l'homme irradiant de lumière mystérieuse et constituant ainsi ce merveilleux emblème de l'étoile flamboyante !

Mon frère, vous allez étudier l'histoire de la tradition de ces antiques fraternités. Pour comprendre la science maçonnique, il vous faut pénétrer intellectuellement dans ces mystères anciens ; il vous faut découvrir le lien qui, depuis les temples de Thèbes, à travers les fraternités pythagoriciennes, les Esséniens, les premiers Joannites, les frères échappés de Constantinople à la chute de cette ville, descend jusqu'à nous par les troubadours, les francs-juges, les alchimistes, les templiers, les illuminés et les modernes rites maçonniques.

Ne négligez pas, mon frère, cette étude intellectuelle, sans ce travail qui doit être votre oeuvre personnelle la Franc-Maçonnerie resterait pour vous incomprise et comme un livre fermé. A part quelques rares frères, qui mettront leurs connaissances à votre disposition, la loge sera de peu d'utilité pour vous à ce point de vue.

On vous a guidé jusqu'à présent ; commencez à marcher seul. Instruisez-vous de manière positive et vous serez alors une véritable étoile flamboyante, répandant la lumière acquise sur les frères et les profanes qui feront appel à votre dévouement et à votre savoir.

DISCOURS D'INITIATION MAÇONNIQUE GRADE DE MAÎTRE

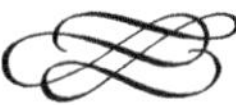

I°. - Avant l'initiation

Mon Frère,

Lorsque vous avez demandé à faire partie de la Franc-Maçonnerie, vous avez séjourné pendant un certain moment dans une chambre où le symbole de la mort vous fut manifesté de diverses façons. C'est en mourant aux préjugés, à l'obscurantisme, à toutes les erreurs ancestrales ou sociales que vous êtes devenu franc-maçon.

Aujourd'hui, votre travail soutenu, votre zèle pour l'Ordre, votre dévouement à vos frères nous permettent de vous appeler à la participation des mystères plus profonds et de vous initier au grade de maître. Ce grade est peut-être celui de tous qui représente le plus merveilleusement les anciens mystères d'Égypte.

Jadis, l'initié aux mystères d'Osiris apprenait, outre l'existence des forces mystérieuses que vous a révélée le grade de compagnon, la possibilité pour l'homme de vivre une vie différente de la vie physique.

On lui enseignait que l'entrée et la sortie de l'existence terrestre sont gardées par le terrible mystère de la mort ; et, pour exprimer symboliquement ce mystère, l'initié était entouré de bandelettes, placé dans un cercueil et les chants mortuaires s'élevaient tristes et majestueux autour de lui, puis il renaissait. Une lumière nouvelle lui était révélée et son cerveau dynamisé par la terreur vaincue de la mort s'ouvrait à des idées plus nobles, à des dévouements plus sublimes. Aujourd'hui, les sciences profanes, grâce au dévouement des frères qui nous ont précédés, ont transformé la vie sociale. Le maniement des forces physiques est sorti des anciennes universités, des temples fermés pour entrer dans les laboratoires et, tel le pélican symbolique qui donne son sang pour nourrir sa progéniture, tel le savant contemporain, le véritable voyant dans l'humanité encore aveugle, dispense aux profanes sa science et son dévouement.

Mais la tradition des symboles est aussi une science vivante. Elle permet à celui qui la possède d'adapter ses connaissances aux besoins de ses frères, de relever une société qui s'effondre, de soutenir un cœur sans courage et de projeter la lumière là où les ténèbres régnaient en maîtresse.

Jadis, on racontait à l'initié l'histoire d'Osiris, son déchirement, sa reconstitution par Isis, et les danses symboliques des initiateurs révélaient les mystères que la parole était incapable de traduire.

Chaque centre enseignant possédait une histoire symbolique, légende en apparence frivole pour les initiés, qui servait de base à tout enseignement des mystères.

La Franc-Maçonnerie, héritière directe de ces anciennes fraternités initiatiques, n'a pas manqué à ce devoir. Nous allons, mon frère vous raconter la légende d'Hiram et si nous n'avions pas fait précéder ce récit des considérations que nous venons de développer, cette légende nous apparaîtrait comme un récit banal de choses antiques et peu intéressantes et votre attention ne serait pas incitée à briser l'écorce de la légende, pour trouver dans le centre du fruit l'amande nutritive libératrice de votre intellectualité.

La légende d'Hiram contient la clef des plus grandes adaptations symboliques que l'Ordre maçonnique puisse avoir à accomplir. Au point de vue social, l'adaptation de l'intelligence aux divers genres de travaux, la division des forces sociales concourant à l'harmonie du tout, la place donnée au maître par son savoir y sont développées. Au point de vue moral, la loi terrible qui fait que celui que vous avez soutenu, que vous avez instruit, que vous avez sauvé, se révolte contre vous et cherche à vous tuer, d'après la formule de l'animal humain « *l'initié tuera l'initiateur* » y est enseignée. Pratiquement enfin, la certitude que tout sacrifice est la clef d'une floraison future, la branche d'acacia qui guidera les frères vers la tombe de celui qui s'est sacrifié pour eux, tout cela est éternellement vivant pour un cerveau qui comprend et indique un enseignement, qui peut toujours être transmis à travers l'humanité, quelle que soit l'évolution de la société profane.

Que nos anciens frères du XVIIIe siècle aient vu dans cette légende une représentation mythique de la marche du soleil, que d'autres y aient découvert des adaptations philosophiques, cela importe peu car toute légende véritablement symbolique est une clef universelle, adaptable à toutes les manifestations physiques, morales et spirituelles. Maintenant, mon frère, vous comprendrez la raison d'être des mystères auxquels vous allez participer et vous saurez pourquoi la Franc-Maçonnerie doit respecter la tradition et les symboles qui ont été confiés à ses maîtres initiateurs.

2° -Après l'initiation.

A dater de ce jour, vous êtes un véritable chaînon de la chaîne universelle constituée sur toute la Terre par la Franc-Maçonnerie ; à dater de ce jour, vous participerez aux réunions de la chambre du milieu où les architectes de la société future s'assemblent physiquement ou mystiquement pour donner à l'humanité, chaque jour, un peu plus de lumière, un peu plus de bien-être et un peu plus de raison.

Participant à l'œuvre universelle de la Franc-Maçonnerie, vous avez droit d'assistance dans l'univers entier. Partout où vous serez, quelles que soit les opinions du peuple parmi lequel vous séjournerez, quelle que soit sa langue, faites un signe et nos frères accourront vers vous. Vous avez triomphé de la mort. Nouvel Hiram de l'annonciation sociale, vous allez, maintenant, établir consciemment le plan de votre monument intellectuel, car vous n'êtes plus l'apprenti qui s'efforçait péniblement de dégrossir la pierre mal taillée, vous n'êtes plus le compagnon qui, fort des enseignements intellectuels et des traditions maçonniques, avait constitué son dynamisme cérébral ; vous êtes le maître, conscient de votre personnalité, appelé à exercer, dans l'Ordre, toutes les fonctions administratives des loges, appelé à diriger les apprentis dans leurs recherches intellectuelles et vos collègues, les maîtres, dans le tracé de leurs planches symboliques.

Votre responsabilité augmente en raison même de l'étendue de vos fonctions. Si l'Ordre vous assure, partout, passage et protection, il attend de vous un effort continu, un travail sans faiblesse pour la libération des intelligences opprimées et un courage à toute épreuve, s'il faut risquer quelque chose pour sauver un de vos frères.

Répandez donc partout la lumière que vous avez reçue ; recherchez dans la société profane les intelligences libres, les cœurs élevés, les esprits aventureux qui, fuyant les entraves, la vie facile et les préjugés, recherchent une vie nouvelle et peuvent être des éléments puissants pour la diffusion des idées maçonniques ; apprenez à vous dirigez vous-même, à fuir tout sectarisme ; et, si vous combattez les erreurs et les superstitions que les divers sacerdoces imposent à l'humanité encore en enfance, sachez toujours être tolérant, ne devenez pas vous-même un sectaire odieux aux humains.

Philosophe, c'est-à-dire ami de la sagesse, sachez toujours garder l'équilibre mental qui caractérise l'homme sain d'esprit ; rappelez-vous qu'Hiram a posé ses deux colonnes et que le chapiteau de l'entrée du temple repose harmonieusement porté par Jakin et Bohaz, c'est-à-dire par la force et par la beauté.

On ne construit pas d'édifice en s'appuyant sur une seule colonne ; sachez donc, dans la construction intellectuelle que vous aurez à entreprendre, équilibrer toujours les enseignements de la raison par les dévouements du cœur. Rappelez-vous que la Franc-Maçonnerie vient en aide aux malheureux, quelles que soient leurs opinions ; que, dans son action sur la société profane, elle libère les consciences aussi bien qu'elle relève le courage de ceux qui n'espèrent plus ; et, si dans la vie, des traîtres veulent faire disparaître votre oeuvre, si, nouvel Hiram, vous êtes sur le point de recevoir le coup de maillet fatal de la part des inconscients ou des révoltés, rappelez-vous que tous les frères ici présents sauront vous défendre ; rappelez-vous que des maîtres dévoués chercheront, plus tard, la trace de vos oeuvres et que la branche d'acacia servira à reconnaître vos efforts en vue du développement de notre Ordre et de la manifestation de vos efforts intellectuels.

Travaillez, mon frère ; prenez conscience de vos nouveaux devoirs ; et, si jamais le découragement entre dans votre âme, si votre esprit perd la force de lutter, souvenez-vous de ce jour solennel et dites, au moment où la chair quitte les os : « Non ! je ne faillirai pas à ma mission ; non ! la lâcheté n'enchaînera pas mon esprit ; non ! je ne m'arrêterai pas dans ma mission de progrès car l'acacia m'est connu.

SYMBOLES DE LA FRANC-MAÇONNERIE

La Légende d'Hiram.

L'acacia m'est connu !

Les symboles de la Science Occulte, conservés jusqu'à nos jours par la Franc-Maçonnerie, peuvent être divisés en deux classes :

Les uns, comme les tableaux des loges, les hiéroglyphes, les couleurs, les cérémonies ne sont plus compris pour la plupart des affiliés que dans leur sens le plus grossier, quand ils sont compris.

Les autres, renfermés dans quelques récits comme ceux de la mort d'Hiram ou de J.-B. Molay, sont encore entendus dans plusieurs de leurs significations.

C'est d'un de ces derniers symboles, la légende d'Hiram que nous allons nous occuper.

L'origine de cette légende est assez intéressante, car elle marque l'origine réelle de la Franc- Maçonnerie moderne. La voici d'après Ragon :

« Cette même année (1646) une société de Rose-Croix, formée d'après les idées de la nouvelle Atlantis de Bacon, s'assemble dans la salle de réunion des free-masons à Londres. Asmhole et les autres frères de la Rose-Croix, ayant reconnu que le nombre des ouvriers de métier était surpassé par celui des ouvriers de l'intelligence, parce que le premier allait chaque jour en s'affaiblissant, tandis que les derniers augmentaient continuellement, pensèrent que le moment était venu de renoncer aux formules de réception de ces ouvriers, qui ne consistaient qu'en quelques cérémonies à peu près semblables à celles usitées parmi tous les gens de métier, lesquelles avaient, jusque-là, servi d'abri aux initiés pour s'adjoindre des adeptes.

Ils leur substituèrent, au moyen des traditions orales dont ils se servaient pour leurs aspirants aux Sciences Occultes, un mode écrit d'initiation calquée sur les anciens mystères et sur ceux d'Egypte et de Grèce, et le premier grade initiatique fut écrit tel à peu près que nous le connaissons. Ce premier degré ayant reçu l'approbation des initiés, le grade de compagnon fut rédigé en 1648 ; et celui de maître peu de temps après ; mais la décapitation de Charles Ier en 1649 et le parti que prit Asmhole en faveur des Stuarts, apportèrent de grandes modifications à ce troisième et dernier grade devenu biblique, tout en lui laissant pour base ce grand hiéroglyphe de la nature symbolisé vers la fin de décembre[1]. »

Ceci semble, au premier abord, contredire certaines de mes affirmations antérieures au sujet de l'origine de la doctrine maçonnique[2] ; mais en réfléchissant un peu il est aisé, d'y voir au contraire, la confirmation de mon dire.

Quelle est, en effet, la filière pour laquelle cette nouvelle société de 1648 se rattache à l'antique science occulte d'une part, aux templiers de l'autre ?

Lisez la biographie d'Asmhole et vous allez retrouver dans cet homme admirable un égyptologue érudit et bien mieux un hermétiste remarquable, un descendant de Jean Dée, l'alchimiste de Londres, auteur de la Monas hieroglyphica.

Asmhole est un initié des alchimistes, et comme tel il maniera le symbole de main de maître.

Voyez, d'autre part, cette mention des Rose-Croix, les véritables, ceux-là qui précèdent à la naissance de la Franc-Maçonnerie, et vous reconnaîtrez sans peine en eux ces mystérieux inconnus que les « frères » devaient tant méconnaître plus tard.

Ne nous écartons cependant pas du sujet qui nous intéresse et revenons à la légende d'Hiram, dont nous connaissons le principal auteur, Elie Asmhole.

Comment la légende d'Hiram se distingue-t-elle d'un conte de fée quelconque et pourquoi pouvons-nous la désigner sous le nom d'histoire symbolique?

Une histoire symbolique est une histoire combinée de la sorte que l'évolution des personnages indique exactement l'évolution de la Nature.

Des mythologues modernes ont eu beau jeu à montrer que toutes les histoires qui se rapportent aux divinités indoues, égyptiennes, grecques, romaines et même le Christ des chrétiens n'étaient que des peintures plus moins parfaites de la marche du Soleil. De là le nid de mythes solaires donné à tous ces récits.

Ceci est vrai à condition de ne pas y voir exclusivement sens astronomique, et la méthode de la Science Occulte, Analogie, va nous éclairer complètement à ce sujet.

La légende d'Hiram étant une histoire symbolique, voyons la raison d'être de ce genre de symbole, et nous pourrons d'autant mieux comprendre les développements que nous en tirerons dans la suite.

S'il est vrai qu'une même loi gouverne tous les phénomènes de la Nature, exposer un de ces phénomènes, c'est exposer tous les autres. Voilà les bases de l'analogie.

Prenons trois exemples pour expliquer ceci: l'évolution d'un grain de blé, la marche du soleil, la fabrication de la pierre philosophale, et voyons si ces trois faits ne sont pas gouvernés par la même loi.

Le grain de blé est destiné à produire un épi tout entier. A peine est-il planté dans la terre qu'une lutte violente s'engage entre le germe qu'il contient et les éléments extérieurs. Un moment tout est pourri, le grain de blé semble mort pour toujours ; c'est précisément à ce moment qu'il est plus vivant que jamais. Du sein de cette pourriture, de cette noirceur, de ce chaos s'élève le nouvel être se dirigeant vers la lumière ; c'en est fait, le grain de blé vient de se rendre immortel dans les nombreux rejetons qu'il va produire.

Le soleil est destiné à donner la vie à tous les êtres planétaires qui gravitent autour de lui, ainsi qu'à ce qui les couvre.

A peine a-t-il commencé sa course fécondante qu'une lutte violente s'engage sur terre entre ses bonnes influences et les frimas. L'hiver triomphe bientôt.

Plus de soleil bienfaisant, il est mort peut-être pour toujours!

C'est cependant quand la mort semble triompher d'avantage que la vie possède sa plus grande force.

L'hiver, fier de sa cruauté croit être à jamais le maître, quand l'enfant qui couvait sous son linceul triomphe enfin, et l'hiver fuit étonné devant le printemps radieux qui se lève, immortalisant partout les germes par la procréation.

La pierre philosophale est destinée à produire le grand oeuvre de l'homme. A peine les éléments qui la constitueront seront-ils en présence dans l'athanor qu'une lutte violente s'engage entre eux. Les belles couleurs disparaissent et la masse semble pourrie pour jamais, tout est noir comme la tête d'un corbeau. C'est alors que l'ignorant se désole et que le sage se réjouit. Du sein de ce chaos sort au bout de quelque temps la blancheur éclatante, l'indice de vie ; les couleurs apparaissent progressivement ; les éléments de la pierre viennent de se rendre immortels dans les transmutations qu'ils produiront.

Il n'est pas bien difficile de retrouver dans ces trois phénomènes une même loi, celle de la lutte de la vie contre la mort dont on peut énoncer ainsi les phases.

Première phase :

La lutte s'établit entre la vie et la mort. La vie est plus faible et cède à la mort. Matérialisation progressive. Le grain de blé pourrit. L'automne apparaît avec les frimas. Les couleurs de l'œuvre s'altèrent.

Deuxième phase :

La mort semble triomphante. C'est alors que la vie lutte avec plus de force. Equilibre entre la Matérialisation et la Spiritualisation. Le germe couve sous la pourriture. L'hiver abrite les enfants du printemps. Des couleurs éclatantes vont sortir de la noirceur.

Troisième phase :

La vie triomphe à son tour. La mort est de nouveau vaincue. Spiritualisation progressive. L'épi apparaît. Le printemps se manifeste. Les belles couleurs de la pierre se montrent.

Si donc nous voulons raconter cette merveilleuse loi dans une histoire, nous parlerons d'un homme sage, fort, ou vertueux tué par une scélératesse quelconque ; de la résurrection triomphale du bon et de la punition des coupables.

Le savant n'y voudra voir que l'histoire d'un cycle du Soleil et rira des protestations de l'alchimiste affirmant qu'il s'agit de la pierre philosophale. Il s'agit de tout cela et de beaucoup plus encore dans ces histoires symboliques, et le véritable Rose-Croix à qui l'on demande la clef du grand œuvre de la Nature se contente de montrer la douzième clef du livre universel en l'expliquant ainsi :

Il faut savoir mourir pour revivre immortel.

Dans les antiques initiations égyptiennes, quand le voile qui cachait le sanctuaire venait de s'abaisser devant les profanes, le récipiendaire assistait à une étrange scène. Le grand prêtre lui racontait de nouveau cette histoire du meurtre d'Osiris que tout Egyptien connaissait dès son enfance ; mais le futur initié devinait sans cette nouvelle manière d'exposer la légende un côté mystérieux inaperçu par lui jusque là. Bientôt les épreuves de l'initiation psychique allaient l'éclairer davantage.

« En Egypte, le 3e grade se nommait Porte de la mort. Le cercueil d'Osiris qui, à cause de son assassinat supposé récent, portait encore des traces de rang, s'élevait au milieu de la salle des morts, où se faisait une partie de la réception. On demandait à l'assistant s'il avait pris part au meurtre d'Osiris ; après d'autres épreuves et malgré ses dénégations, il était frappé ou on feignait de le frapper à la tête d'un coup de hache ; il était renversé, couvert de bandelettes comme les momies ; on gémissait autour de lui ; des éclairs brillaient ; le mort supposé était entouré de feu, puis rendu à la vie[3] ».

Dans la moderne initiation maçonnique le récipiendaire, que ce soit un brave épicier ou un professeur du collège de France, n'est pas peu étonné de s'entendre raconter l'histoire du meurtre du forgeron biblique. Le sens du symbolisme est à tel point ignoré à notre époque que l'esprit est déconcerté devant ces rites qui, bien qu'admirablement conçus, passent pour ridicules. Sans vouloir cependant nous arrêter davantage sur ce point, abordons cette légende, pour en chercher ensuite les divers sens les plus faciles à découvrir.

Salomon, voulant élever un temple à l'Eternel demanda l'appui de son voisin, le roi de Tyr. Celui-ci lui envoya les plus habiles de ses ouvriers, entre autres, l'homme chargé de diriger les travaux du Temple, avec un architecte nommé Hiram.

C'était un homme aussi farouche qu'instruit.

Elevé au milieu des forêts sauvages, la Nature était sa seule directrice ; il en pénétrait les plus profonds mystères par la seule force de sa merveilleuse intuition.

Dès son arrivée Hiram partagea les ouvriers en trois grandes classes ; à sa droite, se rangèrent ceux qui travaillaient le bois, à sa gauche, ceux qui s'occupaient des métaux ; enfin, au milieu se trouvaient ceux qui travaillaient la pierre.

Quand la division par classes, suivant la profession, fut accomplie, Hiram divisa chacune des classes en trois parties, d'après le savoir de ceux qui les composaient.

Les moins instruits constituèrent dans chaque classe les apprentis ; ceux qui étaient habiles dans les travaux qu'ils exécutaient furent les compagnons, enfin ceux qui dirigeaient les autres furent les maîtres.

Afin d'empêcher toute confusion entre ces ordres, chacun des membres reçut une parole mystérieuse indiquant sa place dans la hiérarchie ; les apprentis se reconnaissaient en prononçant la parole Jakin, les compagnons en disant Bolurz ; les maîtres en épelant la mystérieuse tétrade des initiés : IEVE

Tel est l'ordre admirable suivant lequel le sage Hiram établit sa hiérarchie.

Le savoir seul permettait aux ouvriers de s'élever d'un rang, et cette sage mesure fut cependant la cause du meurtre d'Hiram.

Trois méchants compagnons voulurent arracher de force au grand architecte du Temple la parole mystérieuse des maîtres et ourdirent, à cet effet, le plus infâme complot. Les maîtres se réunissaient chaque jour dan une chambre située au milieu du temple, et la porte située à l'Orient leur était réservée. Le sage Hiram sortait le dernier de tous, après s'être assuré par lui-même de la bonne exécution de ses ordres. Connaissant cette particularité, les trois compagnons s'embusquèrent chacun à l'une des trois uniques portes et attendirent la sortie du grand architecte ; Hiram, les travaux de la journée accomplis, se dirige vers la porte Sud, où il trouve Jubelas qui lui demande la parole des maîtres. Avec sa douceur habituelle, Hiram fait remarquer au compagnon que le savoir seul permet la connaissance de la mystérieuse formule ; le compagnon veut frapper Hiram à la tête avec la pesante règle de fer de vingt-quatre pouces dont il s'est armé ; le maître détourne le coup et n'est atteint qu'à la gorge.

Hiram se rend alors à la porte de l'Occident qui servait d'entrée commune à tous les ouvriers. Là se trouvait Jubelos qui, sur le refus du maître de livrer son secret, le frappe au cœur avec sa pesante équerre.

Tout étourdi, Hiram se traîne jusqu'à la porte de l'Orient où Jubelum, rendu plus furieux encore que ses complices par le refus de l'architecte, l'achève d'un coup de maillet sur le front.

Les trois scélérats s'interrogèrent mutuellement et, voyant que leur plan avait échoué, n'eurent plus qu'un désir: faire disparaître les traces de leur forfait.

Ils cachèrent le cadavre dans les décombres, et le lendemain, au petit jour, le portèrent dans une forêt voisine, où ils l'ensevelirent.

Une branche d'acacia indiqua seule le tombeau du plus grand des hommes.

Cependant Salomon ne voyant pas revenir son architecte et pressentant un malheur, envoya d'abord trois maîtres à sa recherche. Ceux-ci n'ayant rien trouvé, le roi envoya de nouveau neuf maîtres qui, au bout de sept jours de recherches, découvrirent, par la branche d'acacia, le tombeau d'Hiram qui ressuscite, grâce à eux, dans chaque vrai franc-maçon.

Les coupables qui s'étaient échappés ne tardèrent pas à être pris. Leur retraite fut trahie par un inconnu et l'un des quinze maîtres envoyés pour les punir tua le plus coupable d'entre eux, l'assassin d'Hiram, Abibala, dans une caverne auprès d'une source où il s'était réfugié.

Un chien indiqua le lieu de retraite du scélérat. Les autres assassins se tuèrent en se précipitant du haut des carrières dans lesquelles ils s'étaient réfugiés. Les têtes des trois compagnons furent portées à Salomon.

Telle est dans ses principales lignes, la légende d'Hiram.

Avant d'entreprendre l'étude des divers sens dans lesquels on peut la considérer, je dois faire quelques remarques importantes. Tout d'abord, il m'a semblé inutile de compliquer ce récit par l'introduction des enjolivements dont l'a décoré l'imagination des fabricants de rituels. Ainsi, quelques auteurs mêlent à cette légende le récit des amours d'Hiram avec Balkis, reine de Saba, et font entrer Salomon comme complice dans le meurtre d'Hiram.

Une autre remarque assez curieuse, c'est le changement des noms des trois scélérats dans les divers grades ; ainsi le lecteur a sans doute vu avec étonnement Jubelam devenu Abibala un peu avant sa mort.

Voici ce que dit le Thuileur général à ce sujet :

« Les noms des trois meurtriers d'Hiram varient beaucoup dans les différents grades, et suivant les diverses applications que l'on fait de la Maçonnerie. Ce sont :

Abiram, Romvel, Gravelot,

ou *Habbhen, Schterke, Austersfurth,*

ou *Giblon, Giblas, Giblos,*

ou *Jubela, Jubelo, Jubelum,* etc.

Le Templier y voit Squin de Florian, Noffodeï, et l'Inconnu sur les dépositions desquels Philippe le Bel accusa l'ordre devant le Pape, ou bien encore les trois abominables, Philippe le Bel, Clément V et Noffodeï.

Le Maçon couronné, le Rose-Croix de France leur substituent *Judas, Caïphe* et *Pilate,* les trois auteurs de la mort de Jésus.

Dans le Rose-Croix de Kulwining les trois assassins de la beauté sont : *Caïn, Hakan, Heni.* »

Disons enfin que la mort des trois scélérats est racontée différemment dans les divers rites. La forme du reste importe peu, le fond seul du récit doit nous intéresser dans les développements qui vont suivre.

Comme toutes les histoires symboliques, la légende d'Hiram renferme plusieurs sens qui peuvent être classés en trois groupes : sens naturel, sens moral, sens psychique.

1° Sens naturel. - Au sens naturel ou physique, la légende peut être considérée sous deux aspects principaux : comme sociale s'appliquant aux lois de la société, et comme astronomique développant un mythe solaire.

Considérons quelque peu la façon dont Hiram divise ses ouvriers et nous verrons apparaître une des plus belles idées sociales qu'on puisse développer. Quelle protestation contre ces sociétés où l'intrigue seule mène à tout ! Il ne faut pas de paresseux dans l'œuvre entreprise par Hiram: tous sont ouvriers. Comprenant toutefois que la liberté de l'homme doit être respectée avant tout, Hiram laisse chacun prendre dans la Société le travail qu'il peut mener à bonne fin et proclame, dès la base de son organisation, le principe: *À chacun selon ses aptitudes.*

Les classes une fois établies, au nombre de trois, la hiérarchie sociale fait son apparition. Partout et toujours il se trouvera des dirigeants et des dirigés ; c'est une loi naturelle que des planètes gravitent autour d'un soleil, et cette loi s'observe analogiquement aussi bien dans la marche d'une famille que dans celle de l'Univers.

Ici les satellites obéissent à l'impulsion solaire ; là les enfants doivent se courber sous l'impulsion paternelle.

Quel est donc le moyen établi par Hiram pour devenir membre de la classe dirigeante ? Est-ce l'hérédité des titres et des charges féodales ? Non.

Est-ce l'hérédité de la fortune soumettant les pauvres au despotisme d'un être immoral et abâtardi ? Non.

Est-ce l'intrigue donnant les places au plus protégé ? Non, mille fois non.

Rien n'empêche celui qui veut le faire d'arriver au premier rang, dans la Société d'Hiram. Il suffit d'en être digne.

Tout au mérite et non à l'hérédité, tout au savoir et non à la fortune, tout au concours et non à l'intrigue, telle est l'expression de la seconde formule sociale d'Hiram.

A tous ceux qui prétendent que la Franc-Maçonnerie ne se rattache à aucune filiation, montrez la légende du Maître. S'ils nient l'existence possible d'une société idéale dans laquelle ne dirigent que ceux qui savent, racontez-leur avec Fabre d'Olivet et Saint-Yves d'Alveydre l'histoire de Ram et de son empire universel ; si le passé ne les intéresse plus, transportez-les au cœur des institutions de la Chine vénérable et cherchez avec eux l'emploi qui n'est pas gagné au concours[4] !

Nous pourrions montrer encore d'autres développements sociaux dans cette légende, mais la place nous manque. Qu'il nous suffise d'indiquer et de comprendre les deux premières formules sociales d'Hiram.

À chacun selon ses aptitudes d'abord ; à chacun selon son mérite ensuite[5]. Le sens astronomique a été traité avec assez d'autorité par tous les auteurs maçonniques pour que je croie inutile d'y rien ajouter. C'est comme mythe solaire que les affiliés considèrent presque exclusivement la légende d'Hiram, témoins les extraits suivants :

« Le soleil, au solstice d'été, provoque, chez tout ce qui respire, les chants de la renaissance ; alors Hiram qui le représente, peut donner, à qui de droit, la parole sacrée, c'est-à-dire la vie. Quand le soleil descend dans les signes inférieurs, le muétisme de la nature commence ; Hiram ne peut donc plus donner la parole sacrée aux compagnons qui représentent les trois derniers mois inertes de l'année.

Le premier compagnon est censé frapper faiblement Hiram d'une règle de vingt-quatre pouces, image des 24 heures que dure chaque révolution diurne : première distribution du temps qui, après l'exaltation du grand astre, attente faiblement à son existence, en lui portant le premier coup.

Le second le frappe d'une équerre de fer, symbole de la dernière saison, figurée dans les intercessions de deux lignes droites qui diviseraient en quatre parties égales, le cercle zodiacal, dont le centre symbolise le cœur d'Hiram, où aboutit la pointe des quatre équerres figurant les quatre saisons : deuxième distribution du temps qui, à cette époque, porte un plus grand coup à l'existence solaire.

Le troisième compagnon le frappe mortellement au front d'un fort coup de maillet, dont la forme cylindrique symbolise l'année qui veut dire cercle, anneau : troisième distribution du temps, dont l'accomplissement porte le dernier coup à l'existence du soleil expirant.

Dans cette interprétation, on a conclu qu'Hiram, fondeur de métaux, devenu le héros de la nouvelle légende avec le titre d'architecte est l'Osiris (le soleil) de l'initiation moderne : qu'Isis, sa veuve, est la Loge (emblème de la terre) en sanscrit, loga, le monde, et qu'Horus, fils d'Osiris (ou de la lumière) et fils de la veuve est le franc-maçon, c'est-à-dire l'initié qui habite la loge terrestre (enfant de la veuve et de la lumière)[6]. »

« Ainsi les trois compagnons perfides trahissent le maître, comme fit Typhon à l'égard d'Osiris, et l'on dit dans la narration : Hiram se présente à la porte de l'Occident pour sortir du temple; c'est précisément ce que fait le soleil ; car, si je suppose cet astre prenant son domicile dans le signe du bélier, le premier jour du printemps, le dernier jour de son triomphe au solstice d'été, ou la veille de sa mort, qui a eu lieu dans la balance, il descend à l'horizon par la porte de l'Occident ; et si alors j'examine la position que le bélier prend à l'Orient, je verrai près de lui le grand Orion, le bras levé, tenant une massue, dans l'attitude de le frapper. Au nord, je verrai Persée, une arme à la main et dans l'attitude d'un homme prêt à faire un mauvais coup. Je le répète, l'assassinat d'Hiram, pris dans le style figuré ou allégorique, est comme la passion d'Osiris, comme celle d'Adonis, d'Atys, et de Mythra, un fait de l'imagination de prêtres astronomes, qui avaient pour but la peinture de l'absence du soleil sur la terre.

Le roman que l'on nous présente sur Hiram est complet, car le ciel nous fait voir aussi les neufs maîtres qui vont à la recherche de son corps ; et si on porte ses regards à l'Occident de l'horizon, lorsque le soleil se couche dans le bélier, on verra autour de cette constellation Persée, Phaeton et Orion.

En suivant ainsi les constellations qui décorent le ciel dans cette position, on remarquera, au nord, Céphée, Hercule, et Bootès, et à l'Orient, on verra paraître le Centaure, le Serpentaire et le Scorpion ; tous marchent avec lui, et le suivent pas à pas jusqu'à l'instant de sa nouvelle apparition à l'Orient[7] ».

2° Sens moral. - Le sens moral et religieux de la Légende d'Hiram a été entrevu par tous les grand réformateurs de la Franc-Maçonnerie. Ainsi, dans un essai d'unification des divers rites, intitulé le Mai décoré en trois points, le récipiendaire consulté sur le secret de l'ordre, le divise en cinq parties distinctes. « La première partie a rapport à l'exposition de la religion naturelle, universelle et immuable par le moyen de symboles et de maximes. »

La légende d'Hiram, dans l'effort de tous ses ouvriers de classes et de nationalités étrangères, contribuant par leurs travaux à élever le Temple du Dieu unique enseigne à tous ses adeptes la tradition des gnostiques et de tous les anciens initiés ; l'existence de la Religion unique dont tous les cultes sont des manifestations.

C'est pour cela que le vrai franc-maçon doit être ennemi du sectarisme, quelque forme qu'il prenne.

La deuxième partie du secret maçonnique, d'après l'auteur que je viens de citer se rapporte au secret des opérations de la nature.

Cela fait allusion au sens hermétique et alchimique de la

légende d'Hiram dont je ne veux pas entreprendre ici le développement.

La troisième partie du secret c'est la perfection du cœur humain, dont le temple n'est qu'une allégorie.

On pourrait rattacher à ce point d'application, dan la légende d'Hiram, de la grande loi des compensation figurée par la résurrection d'Hiram, l'exil et la punition des coupables. Combien ne s'élève-t-on pas contre la maxime de rue populaire : Le vice est toujours puni et la vertu récompensée ?

Cependant la connaissance de la loi de Karma n'est elle pas venue donner un immense appui à cette maxime, en montrant que, dans l'invisible, une action sollicite une réaction égale, et en proclamant la similitude des lois morales ?

La quatrième partie du secret se rapporte au mythe solaire dont nous avons déjà parlé.

Enfin, la cinquième partie retrace la lutte des instincts et de la volonté:

« La victoire des erreurs et des passions sur la vérité ou la vertu, et celle de la vérité ou de la vertu sur les erreurs et les passions figurées également par la mort et la résurrection d'Hiram (qui est la vérité ou la vertu) lequel Hiram est frappé par trois compagnons scélérats (qui sont l'ambition, le mensonge et l'ignorance), tiré de la tombe et vengé par les neuf maîtres vertueux (qui sont les vertus et les devoirs maçonniques). »

3° Sens psychique. - Le plus important des sens qu'on peut attribuer à la légende d'Hiram est sans contredit, celui qui a trait aux épreuves mystérieuses pratiquées dans tous les sanctuaires en vue du développement de l'âme du récipiendaire.

Le but tout entier de la légende se trouve renfermé dans cette mort du juste tué en secret et dans son éclatante résurrection.

Le principe de l'Univers qui préside à la destruction et au changement des formes, ce principe connu dans toutes les théogonies et désigné sous le nom de Siva, d'Ahriman, de Thyphon, de

Nahash, de Satan a été merveilleusement défini par Fabre d'Olivet : le Destin.

L'arme la plus terrible que le Destin puisse opposer à la Volonté Humaine divinement toute puissante, c'est la Mort. L'initiation à toutes les époques n'a voulu atteindre qu'un but: instruire l'homme et par là rendre le Destin impuissant dans ses attaques.

A chaque pas, le récipiendaire des mystères d'Eleusis était menacé de la Mort et ce n'est qu'en montrant qu'il était toujours prêt à la subir qu'il atteignait aux dernières révélations.

Une des épreuves les plus terribles qu'il eût à supporter était la suivante:

Deux verres étaient placés devant lui.

Le grand prêtre lui disait :

« Fils de la Terre, un de ces deux verres contient un poison terrible. Si vraiment tu crois à l'au-delà, si tu n'as pas peur de mourir, choisis un de ces verres et bois. Puissent les Dieux te protéger ! »

En cas de refus, le récipiendaire était emprisonné jusqu'à sa mort.

Platon devint célèbre parmi les initiés pour le courage qu'il déploya dans cette épreuve.

La légende d'Hiram nous montre le développement de ce mystère dans ce sage qui meurt plutôt que de livrer son secret, et qui ressuscite immortel.

A propos de l'histoire du grain de blé, nous avons assez insisté sur ce fait que la mort précède toujours la vie suivante, pour qu'on puisse ne voir dans la même loi appliquée à l'évolution de l'âme qu'une répétition analogique du même fait.

« En langage symbolique on dit communément que la Mort est la porte de la Vie: vérité peu connue de ceux qui possèdent le grade de Maître, quoique les emblèmes mis sous leurs yeux eussent dû les en instruire. On entend, par cette figure, que la fermentation, que la putréfaction précèdent la naissance et la donnent ; que dans la première condition, la seconde ne peut avoir lieu ; qu'en un mot, pour que la génération s'accomplisse, il faut que les principes générateurs meurent, pour ainsi dire, qu'ils se dissolvent, se désunissent par la putréfaction. En effet, sans un mouvement interne et fermentatif, sans l'écartement, sans la disgrégation des parties environnantes, comment le germe pourrait il se faire jour à travers les enveloppes qui le tiennent captif ?[8] ».

« Dans tous les mystères anciens, comme dans l'initiation maçonnique, le cérémonial de la réception figurait les révolutions des corps célestes et leur action fécondante sur la terre. Ce cérémonial faisait également allusion aux diverses purifications de l'âme pendant son passage à travers les planètes, où elle revêtait des corps plus purs à mesure qu'elle se rapprochait de sa source, la Lumière increéée. Les prêtres, qui présidaient à l'initiation, lui attribuaient la vertu de dispenser l'âme de l'initié de diverses migrations planétaires ; cette âme, à la mort de l'adepte, passait directement dans le séjour de l'éternelle béatitude[9] ».

Tout ceci paraîtrait fabuleux à plus d'un Franc-Maçon, si je n'avais pris soin de citer l'opinion d'un de leurs livres les plus sérieux: le Thuileur général.

Entrons cependant dans quelques détails au sujet de cette exposition de l'immortalité dans la légende d'Hiram.

Quand l'architecte du Temple est tué, les meurtriers l'enfouissent en terre et marquent la place de son tombeau par une branche d'Acacia. C'est elle qui guide bientôt les maîtres dans leurs recherches. Que représente donc ce symbole ?

L'Acacia est l'analogue de l'Aubépine, de la Croix égyptienne et chrétienne et de la lettre hébraïque *Vau* qui veut dire Lien[10].

C'est le symbole du Lien qui unit le Visible à l'Invisible, notre vie à la suivante ; en un mot, c'est le gage de l'immortalité.

Le corps d'Hiram est en putréfaction ; mais sur lui s'élève la branche morte, couleur de l'Espérance, qui indique que tout n'est pas fini.

Admirons maintenant le génie des auteurs de la légende, qui mettent ce symbole parlant dans la bouche de tous les maîtres. Le franc-maçon a beau être athée, ne plus croire dans les transformations spirituelles de son être, il avoue lui-même, quoique à son insu, son ignorance et prouve qu'il ne comprend rien aux symboles quand il dit :

L'acacia m'est connu[11].

Vous connaissez l'immortalité, dites-vous : alors pourquoi professer le matérialisme ? Franc-Maçons qui vous moquez de la Science Occulte, Francs-Maçons qui vous moquez des théories spiritualistes, revenez à la Légende du Grand Architecte du Temple mystique ; comprenez vos symboles et vous verrez combien paraissent ridicules vos formules positives proférées devant l'Etoile Flamboyante !

Vous devez être ennemis de tous les sectarismes, craignez de devenir vous-mêmes sectaires.

Nous venons de passer en revue quelques-uns des sens que peut nous révéler l'étude de cette admirable légende d'Hiram.

Ashmole a changé en une branche d'Acacia l'antique palme dont Homère et Virgile ont doté les hommes deux fois nés : corporellement par la naissance terrestre, spirituellement par l'initiation psychique.

Mais que ce soit une branche d'Acacia, d'Olivier, de Myrthe ou d'une Croix qui se dresse devant l'investigateur, il faut voir partout le même symbole de la reconnaissance psychique, dire avec Ashmole et la Rose-Croix:

L'immortalité m'est connue !

RÉGULARITÉ MAÇONNIQUE

À plusieurs reprises, nos lecteurs ont été tenus au courant, surtout par les écrits de Teder, de divers points d'histoire concernant l'origine des loges maçonniques françaises. Cette étude était faite au seul point de vue historique et en dehors de toute question de parti.

Or, il se trouve que les illustres descendants de Lacorne, qui ne sont plus reçus dans les loges anglaises, viennent de se poser en champions d'une régularité d'autant plus amusante qu'elle est historiquement et documentairement des plus problématiques. Le F∴ John Yarker a fait, sur ce sujet, des études qui font autorité auprès des écrivains de tous les rites. Aujourd'hui nous sommes heureux de résumer un article plein d'enthousiasme et quelque peu indigné du F∴ Villarino del Villar, président du Suprême Conseil d'un roi espagnol qui compte une foule de loges en Espagne et des garants d'amitié dans presque tous les pays d'Europe.

C'est avec joie que nous ouvrons notre revue à nos FF∴ d'Espagne et que nous nous mettrons toujours à leur disposition pour propager la bonne parole et les belles idées.

Nous avons respecté dans la traduction tous les termes de l'original et l'on reconnaîtra l'effet du beau soleil d'Espagne dans les apostrophes indignées que des attaques injustifiées arrachent à l'écrivain castillan.

N. D. L. R.

Ecoutez, Réguliers de Quartier!

L'heure a sonné où nous ne devons plus écouter la prudence et si, dans la campagne que nous commençons aujourd'hui, vous nous forcez à aller aussi loin qu'il sera nécessaire ; si vous ne nous écoutez pas et continuez votre oeuvre insensée, ce ne sera pas notre faute.

Dès maintenant vos procédés nous autorisent à ne garder aucune considération pour rien ni pour personne ; mais, comme nous vénérons avec amour, presque avec fanatisme, la sublime et séculaire institution maçonnique, nous adoucirons notre argumentation ; si vous nous y obligez encore, nous irons jusqu'où il faudra ; les armes ne nous manquent pas et nous avons des données plus que suffisantes pour vous pendre.

Et comme rien n'est plus éloquent que les nombres, nous nous permettrons de nous en emparer, à l'exemple du Bureau international des relations maçonniques et F∴ Quartier.

Nous empruntons donc l'intéressant tableau suivant l'illustre F∴ Quartier la Tente d'après l'Acacia.

Et que nul n'ouvre la bouche: Ceux-là, seuls, sont les bons, ni plus, ni moins.

Quelle érudition ! quelle véracité ! quelle justice ! Décidément, les réguliers écrivent pour les Chinois. Nous écrirons, nous, pour tous ceux qui voudront nous lire. Les Statistiques officielles, publiées dès le commencement du présent siècle, forment un total de 37.075 loges actives, avec 18.732.184 frères, 2.576.460 sœurs, ce qui donne en tout 21.308.644 membres actifs et une égale quantité de membres inactifs ou dormants. Et nous demandons : Les deux statistiques sont-elles actes ? Si oui, nous déclarons avec amertume et chagrin que la maçonnerie du monde entier a perdu en cinq ans, l'énorme quantité de 131.486 loges et 20.975.037 adeptes. Si nous acceptons comme infaillible la version du F∴ Quartier ? Horrible déception ! pertes cruelles ! Mais, récapitulons. Heureusement, il n'en est rien. Nous croyons, au contraire, qu'il y a augmentation dans les loges, avec l'unique différence que 20.975.037 maçons sont faux, mauvais, imparfaits, clandestins et irréguliers et 333.607, d'après ce qu'ils déclarent eux-mêmes, sont parfaits et réguliers.

Telles sont la véracité et la modestie des réguliers. Rien ne peut être plus net et plus précis, mais comme il faut mettre les points sur les *i* ; comme il est indispensable de mettre un terme à de telles audaces et de les combattre par de solides raisonnements et d'évidentes preuves, nous répondrons, usant de notre droit de légitime défense, à ceux qui se sont déclarés eux-mêmes pontifes et arbitres, ont donné ou refusé des patentes de régularité, ont fait des certificats ou établi des différenciations, ont déterminé des castes, des familles, des groupements distincts de la grande famille, dont la puissance et l'importance étaient et sont encore dans la fraternité humaine et l'internationalisme. Nous sommes décidés à leur refuser ces droits et ces pouvoirs quoi qu'il arrive ! Mauvais et irréguliers maçons !

Que peuvent donc signifier ces injures, ces hérésies ?

Ce sont les éternels ennemis de la lumière et du progrès qui profèrent ces insultes, et la preuve, c'est qu'ils altèrent la vérité. Je le répète, pour ceux qui se croient parfaits maçons, c'est plus qu'insensé, c'est criminel et fratricide!

Il semblerait inutile de donner la preuve de cette déclaration, mais l'annuaire du F∴ Quartier la Tente, publie urbi et orbi des statistiques ; il est juste que les irréguliers en donnent aussi.

Nous n'affirmons pas que tout ce que nous allons citer soit exact, car il n'y a pas de certitude absolue, mais nous répétons, sous la garantie de leurs auteurs, ce que des personnes connues ont publié, ce que nous avons lu et que nous possédons.

Total, à notre connaissance, 60 suprêmes Conseils maçonniques en Europe, avec les mêmes raisons d'être, les mêmes droits, les mêmes origines, les mêmes fins que tous et ayant de plus une supériorité numérique sur les 24 Suprêmes Conseils qui se considèrent comme seuls réguliers !

Réguliers !!!

Que veut dire ce mot?

Quelles sont les preuves, quels sont les mérites les conditions et les droits d'une telle régularité ?

Quelle est son origine humaine ou divine ?

Quel est ou quels sont les hiérarchies, les pontifes institués, reconnus ou acceptés pour admettre ou refuser la légalité ?

Quels sont les hommes qui reconnurent ce pontife et se soumirent à ses lois ?

Lorsqu'on nous aura répondu d'une façon satisfaisante, nous nous soumettrons à cette Autorité Suprême, nous la respecterons ; mais, jusqu'à ce moment, nous traiterons d'insensés, d'orgueilleux, de pédants et de paresseux, ceux qui faussent et ridiculisent l'esprit large et fraternel de la maçonnerie, car nous ne reconnaissons d'autre source du droit constitutif de la maçonnerie moderne, que celle indiquée par l'initiative des quatre loges de Londres, en 1717.

Comme suite à nos observations antérieures, continuons donc notre argumentation en donnant les renseignements suivants que nous a fournis la statistique mondiale...

Différents pays.
Noms des Suprêmes Conseils:

Grande Loge et Suprême Conseil de l'Inde. Grandes Loges de Bengale, Massachussetts, Georgia, Boston, Cabo Coast, San Cristobal, Martinique, Caroline du Sud, Jamaïque, Isla Real, Santo Domingo, Madras, Pensyl-

vanie, Guernessey, Jersey, Barbadas, Guadeloupe, San Eustaquio, Nouvelle-Ecosse, New-Granada, Virginia, Terranova, Java, Guyane Hollandaise, Ceylan, Sumatra, Bermudes, lsla Borbon, Sarrate, Raleige, Richmont, Isla del Principe de Gales, Cabo del Buena Esperanza, Vermont, Luisitania, Macao, New-Jersey, Charleston, Maryland, New-York, Connecticut, New-Hamspshire, Rode-Island, Santa Elena, Kentucky, Persia, Tennessé, Honduras, San Vincente, Maine, Pondichéry, Bombay, Albama, Mexico, Haïti, Michigan, Guyane Française, Nouvelle-Galles, Honida, Australia, Arkansas, Boston, Perù, Texas, Illinois, Mozambique, Goa, Wisconsin, Jowa, California, Minessotta, Colorado, Chile, West Virgina, Montana, Nevada, Idahao, Québec, Manitova, Prince Edouard, Colon y Cuba, New-Mexico, New-Brunswich, Tuner, Nacional de Cuba, Habana, Libéria, Suprême Conseil de Sibérie, Suprême Conseil de Persia, Grand Orient de l'Amérique du Nord, Suprême Conseil de l'Amérique du Sud et de l'Ouest, Grand Orient du Rite Bleu à Buenos-Ayres et loges Confédérées Argentine.

Total, à notre connaissance et sauf erreur, 115 organismes supérieurs de la maçonnerie.

Est-ce que tous ces organismes suprêmes ne furent pas créés régulièrement en admettant qu'ils n'eurent pas le droit indiscutable de le faire avec ou sans l'intervention ou l'autorisation officielle de la Grande Loge Unie d'Angleterre, à laquelle nous reconnaissons des propagandes fécondes, des initiatives, des protections, par lesquelles elle secondait les nobles intentions de la célèbre loge Saint-Paul de Londres ?

Est-ce que par hasard (et nous affirmons le contraire) les quatre cinquièmes de ces organisations citées auraient cessé d'exister ?

Ce serait vraiment triste car alors nos ennemis auraient raison d'affirmer et de soutenir que la Maçonnerie n'a plus aucune raison d'être à notre époque, alors que tous les maçons croient fermement que la maçonnerie ne finira qu'avec le Monde et l'Humanité.

Non seulement nous croyons, mais nous affirmons, en nous basant sur des preuves certaines, qu'un grand nombre d'organismes suprêmes continuent à se former (dix nouveaux pour un qui disparaît). Que veut-on donc dire par ces mots: réguliers ou irréguliers ? Veut-on en arriver au machiavélique *Divide* ? Veut-on installer le pape rouge ?

Prétend-on imposer à la maçonnerie universelle l'adoption d'un rite unique, peut-être celui du juif Morin ? Impossible !

Les maçons actuels ne sont pas des automates et n'acceptent pas qu'on leur en impose. Ils n'ont rien de commun avec des ailes d'un moulin, ne se laissent pas impressionner par la sagesse de Salomon, ne s'enthousiasment pas pour la législation attribuée au Grand Frédéric. Les maçons modernes sentent, pensent, discutent, écrivent, lisent et étudient, et tous, se basant sur la raison et des enseignements positifs, possédant des origines sans fantasmagories ni mensonges, et agissant en conséquence, optent pour ce qui leur plaît, créent ce qui leur semble le plus profitable d'après les époques ou les besoins de chaque pays, et rejettent l'invraisemblable et le ridicule.

Quant à vous, réguliers, votre vanité, votre pédenterie ont produit le trouble et diminué le nombre des adeptes. Car tout individu qui venait à l'Ordre avait comme article de foi que la maçonnerie représentait l'amour, la paix, la fraternité vraie, la justice, l'équité, l'univers sans frontière, l'humanité sans privilèges ni différences de classes, de races, de couleurs, de langues et de croyances. Mais vous sages et parfait maçons, vous en avez décidé autrement. Vous avez remplacé l'amour par la haine, la paix par la guerre, la fraternité par le serment ; vous avez établi un justice boiteuse, vous avez transformé l'équité en caprice, l'égalité en privilège et l'internationalisme vous le comprenez à votre façon. De votre initiative privée, vous avez créé des castes ; car c'est cela que veulent dire les mots réguliers ou irréguliers - de bons et mauvais maçons - comme si vous aviez le don de connaître les hommes, alors que nul ne sait bien se connaître soi-même. Votre chute bruyante ne pourrait être plus immédiate, plus visible, car vous ne pouvez prétendre, que vingt-quatre entités maçonniques, très discutables (surtout celles que nous avons le malheur de connaître) ; vous ne prétendez pas que vous vous considérez comme seuls et vrais maçons car les statistiques sont écrasantes pour vous et les résultats doivent vous servir de leçon et de preuve concluante. Vos anathèmes ne nous effrayent pas.

On dit des repentis qu'ils sont la joie du ciel mais vraiment si vous persistez dans votre suicide prétentieux, il faudra que quelqu'un prenne l'initiative de mettre fin à tant d'arrogances et de folies. Si vous persistez, je le répète, toute l'énergie que nous avons trouvé pour mépriser les excommunications de l'Eglise Romaine et les persécutions des tyrans, nous l'opposerons à vos audaces, même ne sachant pas au juste quel est le but poursuivi par vous. Nous savons au moins que, loin de défendre la pureté des principes, vous semblez déterminés à vous opposer au développement de la vénérable Institution maçonnique. L'idéal n'est le patrimoine exclusif de personne, sachez-le bien. Pour faire le bien, répandre la lumière, soutenir la vérité et exiger la justice, point n'est besoin de marques de fabriques, et nul ne peut restreindre le libre arbitre et le droit indiscutable que nous possédons tous d'agir lorsque nos actes ne nuisent pas aux autres. Heureusement toutes les institutions et tous les peuples ont leurs lois et vivent ensemble sur les bases d'un droit établi et partagé.

Dès lors, où, comment, quand et pour qui ont été institués la loi générale et le droit maçonnique international ?

Le Couvent de Lausanne en 1875, établit les fondements organiques pour le rite écossais. Pourquoi donc ceux qui observent ou disent observer ledit rite n'ont-ils pas respecté et ne respectent-ils pas le contrat de Lausanne ? Et la législation des autres rites, n'a-t-elle pas le droit au respect, bien que personne n'ait pris la peine d'élaborer des lois de relations. Est-ce que par hasard les réguliers n'auraient pas la tête montée avec leur régularité ? et ne seraient-ils pas semblables à cet homme, qui, arrivé tard dans une nombreuse réunion, parvint à se placer au premier rang en bousculant tout le monde et cria à ceux qui voulurent l'imiter: « Ne poussez pas. »

Ainsi font, ou veulent faire, ceux qui se considèrent eux-mêmes comme réguliers ; ils ne tiennent à aider personne, mais font tous leurs efforts pour empêcher les travaux de ceux qui, avec bonne foi et bonne volonté, marchent en avant et les yeux fixés sur l'idéal.

VILLARINO DEL VILLAR.

NOTES

2. LES GRADES MAÇONNIQUES

1. 1Citons, parmi les autres Rose-Croix qui contribuèrent à la nouvelle création : J.-T. Desaguliers, Jacques Anderson, G. Payne, King, Clavat, Lumden, Madden, Elliot.
2. Traité méthodique de Science occulte, de la légende d'Hiram.

3. LE RITE DE PERFECTION

1. Satan démasqué.
2. De l'Aulnaye, Thuileur général, p. 58 (note).
3. Doctrine du Mal.
4. Les lecteurs qui voudront étudier les symboles sur des bases sérieuses sont invités à prendre connaissance du très beau travail de M. Emile Soldi-Colbert de Beaulieu SUR LA LANGUE SACRÉE. C'est un des rares auteurs contemporains qui aient vu clair dans le chaos du symbolisme.
5. A notre avis, le noir indique surtout passage d'un plan à un autre, résurrection à travers la mort. De là cette consécration au Christ et au symbolique Hiram.
6. Thuileur, p. 73 (note)
7. Thuileur, p. 89 (note).

7. SYMBOLES DE LA FRANC-MAÇONNERIE

1. Ragon, Orthodoxie maçonnique, p. 29.
2. Théosophes et francs-maçons (n°5 du Lotus).
3. Ragon, Orthodoxie maçonnique, p. 101.
4. Voyez Fabre d'Olivet, De l'état social de l'homme, Saint-Yves d'Alveydre, Mission des Juifs ; Simon, la Cité chinoise.
5. Eliphas Lévi, Histoire de la Magie, p. 399 et suiv.
6. Ragon, loc. cit.
7. Lenoir, la Franc-Maçonnerie, p. 287.
8. Thuileur des trente-trois degrés de l'Ecossisme du rite ancien, dit accepté, p. 244.
9. Clavel, Histoire pittoresque de la Franc-maçonnerie, p. 54.
10. Voir dans la Revue Hiram (6, rue de Savoie) l'article de Teder sur ce symbolisme.

11. Formule de reconnaissance du grade de maître.

Design de la couverture : canvas.com, FVE
ISBN Ebook : 979-10-299-1093-7
ISBN Libre broché : 979-10-299-1094-4
ISBN Livre relié : 979-10-299-1095-1

Également Disponible

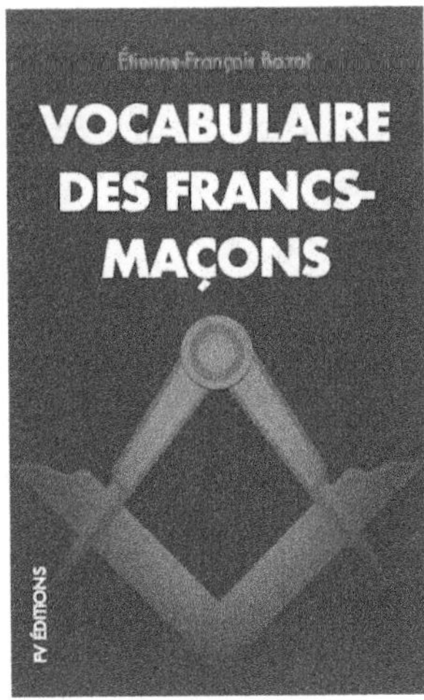

www.ingramcontent.com/pod-product-compliance
Lightning Source LLC
LaVergne TN
LVHW022047250826
846425LV00030B/18

* 9 7 9 1 0 2 9 9 1 0 9 5 1 *